# 엄마는
# 오늘도 유튜브로
# 출근한다

# 엄마는 오늘도 유튜브로 출근한다

엄마라서 가능했던
소사장소피아의 유튜브 도전기

박혜정 지음

이봄

# 나는 행복한
# #엄마유튜버

나는 꿈이 많은 사람이다. 좋은 엄마가 되는 것 역시 꿈 중 하나였다. 아이를 낳고, 행복하고 건강하게 잘 키워내서 사회에 내놓는 일이야말로 세상에서 가장 위대한 일이라고 생각한다. 이런 원대한 책임감을 갖고 아이들을 내 삶의 우선순위로 두고 있다. 아이와 최대한 많은 시간을 함께하며 좋은 기억을 가질 수 있도록 노력한다. 내 삶에서 다시 돌아오지 않을 이 시간을 최선을 다해 행복하게 보내고 있다. 이것이 후회 없는 삶을 사는 것이라고 믿는다.

나는 엄마로서 사는 길을 선택했고, 그 꿈을 이뤄서 행복하다. 하지만 사회에서 우리 엄마들을 보는 시선은 내 생각과는 다르다. 우리는 '전업주부' '경단녀'로 불린다.

"아이를 봐줄 사람이 없나요? 아이 맡기고 일을 좀 해보지 그래요?"

"왜 집에 있어요?"

"왜 아이를 기관에 안 맡기는 거죠?"

엄마가 아이를 키우는 게 지극한 당연한 일인데도 이런 시선과 질문을 받는 현실이 나는 놀라웠다. 집에서 아이를 보면 무능력해서 집에만 있는 사람으로 보거나 살림하고 아이를 키우는 일을 낮게 평가하는 사람들이 많았다. 그럴 때마다 나는 이렇게 말하곤 했다.

"내가 선택해서 집에서 아이를 보는 거예요. 내 손으로 직접 키우고 싶고, 지금 이 시기가 아이에게도 나에게도 너무 중요한 순간이니까요."

## 엄마유튜버 '소사장소피아'가 되다

나는 내가 선택한 엄마의 삶을 행복하고 충실히 살아가고 있었지만 때때로 지치고 힘들 때가 있다는 것도 인정할 수밖에 없었다. 끝날 기미가 없는 집안일을 하며 두 아이들과 놀아주다 보면 어느새 해가 뉘엿뉘엿 지곤 했다. 아이들은 분명 엄마의 시간으로 잘 자라고 있었고 그 모습이 뿌듯하고 기쁘기도 하지만, 매일매일 똑같이 반복되는 엄마의 하루에 때때로 지치고 지루한 날도 있었다. 그때 유튜브가 눈에 들어왔다. 유튜브 속 사람들을 구경하며 즐거움과 위안을 얻던 어느 날 문득, 나도 해보고 싶다는 생각이 들었다. 유튜브는 엄마의 일상 속에서도 충분히 가능해보였다.

그렇게 시작한 유튜브는 내 삶을 완전히 바꿔놓았다. 나는 '소사 장소피아'가 되었다. 유튜브를 시작하고 1년 넘게 수입이 0원이었지만 지금은 책을 내고, 강연도 하고, 굿즈, 프로그램 판매와 같은 재미있는 일을 하며 월평균 1,000만 원 이상의 수익을 내고 있다. 스타 강사인 김미경 선생님과 함께 영상을 찍는 영광도 얻었고, 슈퍼모델 이소라 님은 자신의 유튜브 채널을 만들면서 내 채널에서 용기를 얻었다는 말씀도 해주었다. 멋진 만남이 이어지고 있고, 이전에는 상상하기 힘든 다양한 경험을 하며 수많은 기회를 얻고 있다. 이 모든 것이 유튜브에서 시작되었다는 것이 놀라울 뿐이다.

유튜브로 많은 기회가 생기고 수익도 늘었지만, 더 중요한 것은 내가 여전히 엄마로서의 삶에 충실하다는 것이다. 나는 여전히 아이의 등하교를 직접 챙기고 있고, 아이들이 집에 오면 곁에서 숙제를 봐주고 놀아준다. 끝도 없이 쏟아지는 청소와 빨래, 집안일들도 하면서 말이다. 엄마를 포기해야 했다면 유튜브를 하지 않았을 것이다. 그리고 다른 엄마들에게도 권하지 않았을 것이다. 난 아이를 잘 키워서 세상에 내놓는 일이야말로 가장 가치 있는 일이라는 믿음을 그대로 간직한 채 유튜브를 하고 있다. 유튜브를 시작하며 시간을 더 알차게 보내게 된 건 사실이지만, 나는 여전히 가족이 최우선인 충실한 엄마이자 아내다. 그리고 유튜브는 엄마로서의 삶에 더 큰 행복과 풍요로움을 더해주었다.

## 엄마의 행복을 위하여

'엄마가 행복해야 아이가 행복하다'라는 말이 있다. 좋은 엄마가 되고, 행복한 아이로 키우기 위해서도 나의 행복이 중요하다. 유튜브를 통해 나를 표현하고, 하고 싶은 일을 하며 돈도 벌고, 좋은 사람들도 만나고, 감사 인사까지 해주는 분들이 점점 늘어나고 있다. 언젠가부터 매일 '내 삶이 참 감개무량하다'는 말을 입에 달고 산다. 유튜브로 나의 삶은 전보다 훨씬 더 풍요롭고 행복해졌다. 예전의 나처럼 전업주부인 엄마들은 물론이고, 늘 초인처럼 일과를 소화하고 있는 워킹맘들에게도 유튜브를 추천하고 싶다. 하루하루 반복되는 삶 속에서 유튜브는 위로가 되고 자기성찰, 삶의 활력소가 될 것이다.

'당신이니까 할 수 있는 거잖아'라고 생각한다면, 내가 올린 첫 영상을 보고 희망과 용기를 가지길 바란다. 부스스한 얼굴로 지루한 이야기를 늘어놓으며 빨래를 개키는 순간, 아이를 메고 설거지하는 모습을 올리면서 유튜브를 시작했다. 게다가 나는 천성이 게으르고 컴맹에 기계치인 사람이다. 이런 나도 해냈기에, 당신도 가능할 것이라 생각한다.

## 이제 당신 차례다!

나의 시행착오들과 이를 이겨내며 밟아왔던 과정을 하나하나 이야기해보려고 한다. 유튜브로 어떻게 돈을 벌 수 있을까 하는 고민에 대한 답도 이 책을 통해 구체적인 아이디어를 얻을 수 있을 것이다.

유튜브는 광고수익이 다가 아니다. 내 경험과 노하우가 당신의 시간과 노력을 아껴주고, 성과는 더 빨리 끌어내는 데 도움이 될 것이라고 확신한다.

나를 포함한 평범했던 많은 사람들의 삶이 유튜브로 달라지고 있다. 그 변화는 다행히도 지금 당신이 선택한 삶을 포기하라고 말하지 않는다. 리스크는 제로에 가깝고, 틈틈이 시간을 활용하면서 자기 성장까지 이룰 수 있는 기회와 가능성이 유튜브에 있다. 무한한 가능성이 열려 있는 유튜브라는 파도에 몸을 실어보자. 이제 당신 차례다!

# 차례

# 나는 유튜브로
# 내가 원할 때
# 출근한다

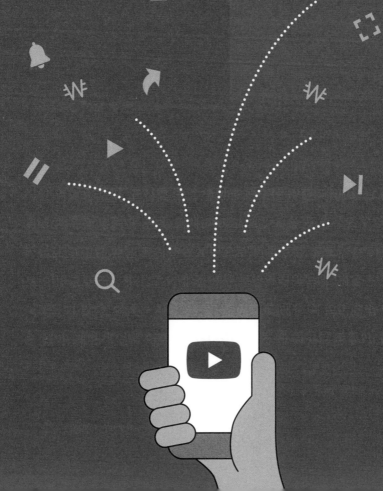

# 엄마는
# 디지털 노마드

　몇 닌 전부터 디지털 노마드digital nomad에 대한 관심이 높아지고 있다. 한곳에 머무르지 않고 여기저기 자유롭게 옮기며 살거나 업무를 보는 사람들이다. 나는 유튜브에서 이 단어를 접하고는 관련 영상과 다큐멘터리를 찾아보며 흥미를 갖게 되었다.

　내가 찾아본 영상 속의 디지털 노마드들은 전 세계를 무대로 돌아다니며 일하고 있었다. 어디든 인터넷이 연결되어 있고 노트북만 있으면 그곳이 바로 일터였다. 다큐멘터리에 소개된 글로벌 기업은 엄청난 넓이의 회사 사무실에다 근사한 인테리어까지 해놓은 곳이었다. 그런데 그곳에 출근 중인 직원은 두세 명에 불과했다. 대부분의 직원들은 재택근무를 하고 있었다. 다른 나라에 있는 사람이라면 자신이 어디에 있는지만 알려주면 되고, 국내에서 일할 때는 회사에 나오든, 재택근무를 하든 상관이 없다고 한다.

과거 우리도 딱딱하고 획일적인 회사 분위기를 바꾸는 게 유행하던 시기가 있었다. 그래서 사무실을 카페처럼 꾸미거나 포켓볼 대나 음료 바를 갖춘 회사들이 언론에 소개되곤 했다. 그런데 이제는 아예 회사라는 공간 자체가 없어지는 시기가 온 것 같다. 영상 속의 글로벌 기업 대표는 이런 말을 했다.

"아무리 회사가 좋은 인테리어를 하고 사원복지에 투자해도, 집보다 더 좋을 수는 없어요. 우리는 회사를 좋게 만드는 대신 직원들이 각자 생각하는 가장 좋은 곳에서 일하게 할 겁니다."

나도 회사를 다닌 적이 있다. 인턴과 아르바이트를 하며 몇몇 회사를 경험했고, 첫 직장에서는 4년 동안 매일 아침 일찍 일어나서 만원버스, 출근 지하철에 끼여 회사로 뛰어갔다. 회사를 그만두겠다고 마음먹었을 무렵에는 매일 아침 지하철 속에서 이렇게 다짐하곤 했다.

'내가 이곳을 그만두면 앞으로 절대! 다시는! 이 시간에 지옥철을 타는 일은 하지 않겠어!'

그러고는 사업을 시작했고, 사이사이 매우 힘든 상황도 많았지만, 그 안에서 늘 기억했던 것은 자유가 허용되지 않았던 시간, 그리고 지옥철이었던 것 같다. 벌이가 예전만 못하더라도 내겐 자유가 있다는 생각이 훨씬 커서 다시 회사를 다닐 생각은 전혀 들지 않았다. 자유의 맛을 알아버린 내게 디지털 노마드는 굉장히 매력적으로 다가왔다. 그리고 지금 크리에이터로서 유튜브 채널을 운영하면서 디지털 노마드는 꿈이 아닌 현실이 되었다.

둘째 아이가 낮잠을 자는 틈을 이용해서, 첫째 아이를 하교 시간에 맞춰 데리러 간 틈에 차 안에서 유튜브를 찍었다. 약속이 있어 외출할 때면 지하철에서 어플로 편집했다. 화장실에서 볼일을 볼 때도 할 수 있고, 여행을 떠나서도 언제 어디서나 콘텐츠를 만들 수 있게 되었다. 이렇게 만든 영상을 업로드하면 댓글이 달리고 수입도 생기니 그렇게 재미있을 수가 없었다.

"아! 내가 진짜 디지털 노마드가 되었구나! 내가 정말 하고 싶은 일을 원하는 장소에서 언제든지 할 수 있어!"

### 유튜브로 커리어를 쌓는 엄마가 되다

점점 직장의 경계선이 사라지고 있다. 공유사무실도 늘어나고 재택근무를 하거나 프리랜서로 살아가는 사람들이 늘고 있다. 기존 회사들도 재택근무제나 탄력근무제를 도입하는 등 변화를 꾀하고 있다. 지금은 디지털 노마드라고 하지만, 이전에는 프리랜서가 비슷한 개념으로 주목받았다. 하지만 프리랜서는 '자유'보다는 '불안정'한 직업으로 인식되었다. 하지만 지금의 프리랜서, 디지털 노마드는 '자유'에 더 방점이 있으면서도 커리어를 충분히 인정받을 수 있다.

유튜브는 일상의 모든 것을 콘텐츠로 만들 수 있고, 많은 기회를 통해 수익까지 창출할 수 있다. 비단 나뿐만 아니라 많은 유튜버들이 자유롭게 일하면서도 여느 직장인들 이상의 수입을 얻고 있다. 직장 상사의 눈치를 볼 필요도 없고, 내 시간을 자유롭게 활용할 수 있다. 내가 원할 때 출근하고 내가 원할 때 퇴근하니 특히 아이를 돌봐야 하는 엄마들에게는 이보다 더 좋은 일이 있을까 싶다.

나는 엄마유튜버로서 아이를 보며, 살림을 하면서도 커리어를 쌓고 있는 이 상황이 너무 감사하다. 주변에 다재다능하고 꿈 많은 엄마들이 많다. 그들에게 세상에서 가장 무한하면서도 강력한 도구인 유튜브를 소개하고 싶다.

# 유튜브를 하면
# 엄마도 경력이 된다

아이 둘을 키우나 보면 하루가 어떻게 흘러갔는지 모를 정도다. 그렇게 하루하루가 쌓여 아이는 어느새 훌쩍 자라 있고, 거울에 비친 나는 그만큼 늙었다는 것을 실감하며 자조하게 된다. 아이들은 엄마의 시간을 먹고 자란다는 말에 저절로 고개가 끄덕여진다. 아이들이 잘 자라주는 것만으로도 감사하고 뿌듯하다가도 문득 나는 나이만 먹는 것 같아 우울해지기도 한다.

집에서 살림하고 아이를 키우는 일이 결과가 팍팍 보이는 것도 아닌 데다, 남편까지 이를 대수롭지 않게 말하는 날이면 그냥 콱 화가 나기도 한다. 그럴 땐 아직 열정도 있고, 나이가 많은 것도 아닌데, 아이들에게 우선순위가 밀려 묻어둔 내 꿈들 때문에 못내 아쉬운 마음도 든다. 내 스스로 '엄마'가 되는 걸 선택했어도 이럴때는 공허한 마음이 생긴다.

내가 유튜브를 시작하고서 다른 엄마들에게 유튜브를 권하는 이유는 내가 엄마이고, 우리 엄마들의 삶을 너무 잘 알기 때문이다. 나는 유튜브를 통해 자존감을 챙기며 커리어를 쌓을 수 있었다. 그 덕에 엄마의 삶도 더욱 즐겁고 충실하게 해나갈 수 있었다. 세상에 나를 표현하고, 밖에 나가기 힘든 상황에서 누군가와 소통을 하고 싶어 시작한 유튜브였다. 육아와 살림에 이어 유튜브 영상까지 편집하는 날은 너무 버겁고 힘들었지만, 올리고 나서 누군가가 봐주고 댓글도 달아주면 그렇게 뿌듯하고 좋을 수가 없었다. 힘들었지만, 행복과 만족감이 훨씬 컸기에 지금까지 계속해올 수 있었다. 유튜브는 엄마들에게 경력을 만들어주는 아주 유용한 수단이다.

자신의 생각, 노하우, 이야기를 담은 영상 하나하나가 모여 포트

유튜브를 통해 새로운 사람들과 인연을 맺고, 평범했던 일상에 전환점이 만들어졌다.

폴리오가 되고 경력이 되는 것이다. 유튜브로 피부관리 노하우를 올려 일 년도 채 안 되는 시간 동안 구독자 4만 명을 달성한 〈데일리미라클〉 채널은 애드센스 광고와 협찬으로 높은 수익을 얻으면서 즐겁고 새로운 도전을 즐기고 있다. 〈밀크티맘TV〉는 아이들과 함께하는 일상을 자연스럽게 유튜브에 공개하고 있다. 아이들과 예쁜 추억을 남기면서도 어린이용품이나 관련 협찬 제의를 받고 있다. 가족과 함께하는 시간 자체가 좋은 콘텐츠이자 수익원이 되었다. 〈미라클맘TV〉는 엄마들의 자기계발모임을 통해 많은 엄마들의 성장을 도우면서 선한 영향력을 발휘하고 있다. 새로운 사람들과 인연을 맺으며 유튜브가 평범했던 일상에 전환점을 만들어준 것이다. 모두 '유튜브 마스터' 과정을 통해 만난 엄마들이다.

### 유튜브가 출간 기획안이 된다

책을 내고 싶다면 역시 유튜브가 큰 도움이 된다. 출판사의 출간 제안을 받거나, 내 기획이 통과될 확률이 높다는 의미만이 아니다. 책은 결국 자신의 콘텐츠를 글로 풀어내야 하는 일이다. 자신의 콘텐츠와 이야기를 어떻게 풀어낼지에 대한 정리가 선행되어야 하는데 유튜브에 올린 콘텐츠가 바로 그 목차, 기획안 역할을 하게 된다. 영상들을 쌓고 이를 정리해서 출판사에 제안하거나, 혹은 이 모습을 보고 출판사에서 가능성을 체크할 수 있는 것이다. 원고를 한 꼭지 한 꼭지씩 완성한다는 생각으로 영상을 찍어 콘텐츠를 쌓는 것이 출간을 할 수 있는 가장 빠른 길이라고 생각한다.

이렇듯 유튜브에 쌓인 영상과 콘텐츠는 곧 엄마들의 커리어가 되고, 이를 통해 많은 기회와 수익을 얻고 있다. 엄마 크리에이터들은 유튜브로 새로운 삶의 활력을 얻었고, 이 과정이 너무 즐겁다고 말한다. 더 많은 엄마들과 이런 멋진 경험을 함께하고 싶다. 유튜브는 엄마의 삶을 포기하지 않으면서도 내 안의 뜨거운 열정을 다시 마주하게 해주는 고마운 도구다.

제1장

# #엄마유튜버가
# 되다

# 유튜브를 하면
# 자신감이 생긴다

내가 초기에 올린 영상들을 보면 한마디로 엉망진창이다. 말은 느리고, 무슨 말을 하고 싶은지 답답한 느낌마저 든다. 어설프고, 그래서인지 힘이 없어 보일 때도 있다. 그에 비해 요즘 올리는 영상들은 시선 처리나 목소리, 말 속도, 표정에 자신감이 차 있다. 이런 변화를 나보다 빨리 눈치챈 오래된 구독자님들은 꽤 오래전부터 이런 댓글을 달아주었다.

'소피아님, 요즘 더 예뻐지고, 자신감도 넘쳐 보이세요.'

구독자들의 평가는 사실이다. 아이를 낳고, 산후조리를 하고 갓 난아이를 키우다보면 몇 달간 사람도 거의 못 만나고 외부와 단절되기 쉽다. 이런 시간이 길어지면 나는 그대로 멈춰 있는데 내 주변의 시간만 빠르게 흐르는 듯하다. 옷을 사려고 해도 요즘 유행하는 스타일을 모르니 고르기도 어렵고, 오랜만에 외출해도 왠지 모르게 어색하다.

이럴 때 시작한 유튜브라서 처음에는 생얼은 기본이고 집에서 입고 있던 옷 그대로 영상을 찍었다. 매일 아이를 보고 등하원시키는 게 유일한 외출이 되면 옷을 살 필요를 못 느끼고 화장을 정성스레 할 일도 없으니까 말이다.

초창기 내 유튜브 영상은
보기 민망할 정도로
어색했다.

유튜브를 하면서 나는 점차 엄마가 되기 전의 모습을 찾아가게 되었다. 내가 오롯이 하고 싶은 이야기를 하고, 더 많은 사람들에게 닿게 하고 싶은 욕심이 차곡차곡 쌓였다. 내가 갖고 있던 생각을 꺼내 더 예쁘게 정리하고 말하는 연습을 해보기도 했다. 젊은 구독자들을 위해 까맣게 잊고 있던 추억이나 생각도 다시 꺼내 정리했다. 결혼 전에 내가 갖고 있었던 남자를 만나는 기준이나 연애 가치관을 되살리기도 했고, 내 인생에서 잘했다고 생각하는 선택도 정리해서 영상에 담아보았다. 이런 영상들은 시청자들에게 많은 공감과 응원을 받았다. 그렇게 되니 더욱 자신감을 갖게 되었고, 내 의견에도 힘을 실어 말할 수 있었다. 그러고는 다시 더 많은 지지와 공감을 받는 선순환이 이뤄졌다.

　세상에 단 한 사람만 내 편이 있어도 든든한데, 이렇게 많은 사람들이 나를 지지해주고 응원해주고 있으니 어찌 자신감이 솟아나지 않을 수 있을까. 젊은 시절, 무서울 게 없고 근거는 없지만 자신감이 넘치던 시절이 있었다. 요즘엔 그 시절로 돌아간 느낌이 든다. 오히려 그때보다 자신감이 더 넘친다. 지금은 근거 있는 자신감 아닌가! 유튜브를 하고 나서 나는 더 당당해졌고, 자신감도 그득하고, 예뻐 보인다!

# 강연하는
# 엄마가 되다

　사람들은 누군가가 자신의 이야기를 들어줄 **때** 행복을 느낀다. 나는 이 사실을 웨딩드레스숍을 할 때 알게 되었다. 열심히 드레스에 대해 설명하고 판매를 위해 노력해도 도무지 성과가 나지 않았다. 한참 이런저런 고민을 하다 상품 설명보다는 고객을 기쁘게 하는 데 집중하자고 다짐했다. 그렇게 마음을 바꾸고 보니 고객들은 내가 그들의 이야기를 열심히 들어줄 때 즐거워한다는 것을 알게 되었다. 연애사를 묻고, 관심을 갖고 이야기만 잘 들어줬는데 드레스가 저절로 팔렸다.

　나는 이 방법이 인간관계에서도 통용된다고 믿는다. 상대에게 관심을 갖고 질문하고 이야기를 듣는다. 사람들은 자신의 이야기를 하고, 상대방이 자신의 이야기에 경청하고 있으면 매우 행복해한다. 타인에게 관심을 갖고 경청하는 것은 인간관계를 맺을 때 가장 중요하면서도 쉬운 방법이라고 생각한다. 그런 의미에서 강연은 너무 행복한 일이 아닐 수 없다. 나 역시도 누군가가 나의 이야기를 묻고 들어주는 것을 좋아한다. 그런데 한 명도 아닌 여러 사람들이 오직 나를 바라보며 내 이야기에 귀를 기울여주는 상황이라니! 너무 환상적이고 행복한 상황 아닌가!

### 삶의 주도권을 내 손 안으로

유튜브 채널은 영상 하나하나가 나의 이야기를 담고 있고, 이를 클릭한 사람들이 나의 이야기에 귀 기울여주는 멋진 경험을 선사해준다. 그리고 나의 이야기에 공감하는 사람이 늘어나면 오프라인 강연 기획도 쉬워진다. 나는 유튜브를 통해 강연까지 할 수 있게 되었다. 강의실에서 사람들을 만나고 눈을 맞출 때 느껴지는 에너지는 환상적이다.

더 중요한 것은 주도성과 자율성에 있다. 예전에 책을 출간하고 강연 요청을 받은 적이 있다. 그때는 강연주제, 날짜, 비용에 이르는 대부분의 사항을 주최 측이 통보해주는 형식이었다. 나는 그 조건에 맞춰서 할지 안 할지만 결정할 수 있었다. 내가 거부하면 다른 사람에게 기회가 넘어가니 다음 기회를 얻기 위해서라도 울며 겨자 먹기로 수락해야 할 때도 있었다. 나는 항상 수동적인 입장이었고 누군가가 불러줘야 했다. 하지만 지금은 전혀 다르다. 주제와 날짜, 시간, 장소, 비용까지 모두 내가 결정한다. 삶에서 주도권을 가지는 게 매우 중요하다고 생각하는데, 유튜브는 강연도 내가 주도할 수 있게 해주었다.

유튜브로 강연을 모집하고 처음으로 구독자들과 만났던 날이 기억난다. 그날 나는 소풍을 앞둔 학생처럼 긴장해서 새벽에 눈이 절로 떠졌다. 얼마 전 구매한 새 옷을 챙겨 입고, 깜깜한 새벽에 택시를 타고 숍에 들려 몇 년 만에 헤어메이크업을 받았다. 거울 앞에 모처럼 화사해진 내 모습이 무척 그럴싸해 보였고 마음에 들었다. 강연장에는 수십 명의 사람들이 나를 바라보고 있었다. 이렇게 많은 사람들 앞에 선 지가 언제였던가. 두근거리는 가슴을 안고 강연을 했다. 행복한 시간이었다. 사람들과 사진을 찍고, 선물도 받고, 감사 인사도 많이 받았다. 온라인이 아닌 오프라인에서 만난 구독자님들은 더욱 따뜻했고, 사랑이 넘쳤다.

첫 강연을 시작으로 지금까지 다양한 내용의 강연들을 꾸준히 하고 있다. 얼마 전에는 부산에 강연을 기획해서 다녀오기도 했다. 평일 저녁이었는데도 많은 분들이 와주셨다. 양산, 대구, 창원 등 멀리에서 달려와주시고 함께해주셨다. 다음 날 해운대 모래 위를 걸으며 지금 나의 상황이 참 꿈같다는 생각이 들었다. 요즘은 세상 누구도 부럽지 않다!

# 출간 계약이
# 이렇게 쉬운 일이었다니!

　나는 유튜브를 하기 전에 세 권의 책을 출간한 경험이 있다. 그중 첫 책인 『은행의 사생활』은 베스트셀러가 되기도 했다. 나름 책도 써보고, 운 좋게 베스트셀러도 만들어보면서 자신감도 생기고 출간 노하우가 쌓였다고 생각했지만, 그게 착각이라는 것을 깨닫기까지는 얼마 걸리지 않았다.

　아이를 낳고서 자연주의 출산에 관한 책을 기획해서 출판사에 투고했다. 결과는 참혹했다. 50곳이 넘는 곳에서 모두 거절당했다. 그 사이 출판시장이 더 작아졌고, 출산이라는 작은 타깃을 대상으로 한 원고가 책으로 만들어져서 판매가 이루어지기까지는 너무 어렵다는 것을 깨달았다. 그 후에도 다른 기획으로 투고를 열심히 해보기도 했다. 이런 수많은 과정을 거치며 거절을 당해보니 책을 쓰는 건 자의 반 타의 반으로 포기할 수밖에 없었다. 당시에는 예전에 비해 책을 출간하는 건 어려워졌구나 하고 생각하고 있었다.

출판은 잊고 유튜브를 시작하면서 열심히 콘텐츠를 만들고 있을 때였다. 어느 날, 거의 동시에 두 곳의 출판사에서 내게 출간 제안을 해왔다. 하나는 재테크, 하나는 유튜브였다. 내 콘텐츠를 보고 관심을 가진 출판 관계자들이 내게서 끌어낼 수 있는 콘텐츠를 먼저 기획해서 제안한 것이었다. 그렇게 두 권의 책을 계약했다. 그 뒤로도 계속해서 출간 제의가 이어지고 있다. 지금은 기존에 계약한 책을 마무리하기도 버거워서 모두 거절하고 있는 상황이다. 출판사를 고르고, 출판사의 제안을 거절까지 할 수 있게 된 것이다. 50곳이 넘는 출판사에서 거절만 당하던 내가 이제는 출판사를 선택할 수 있게 되었다니!

이 모든 게 유튜브 덕분인 것은 말할 필요도 없을 것이다. 유튜브를 통해 작가가 된 사람들이 참 많다. 초대형 유튜버인 '대도서관'이나 '보겸' '도티' '박막례할머니'는 물론이고, 50대에 처음 유튜브를 시작한 〈단희TV〉의 단희쌤 역시 유튜브가 인기를 끌면서 책을 출간하고, 베스트셀러 작가가 되었다.

이제 유튜브를 통해 콘텐츠를 세상에 내보이면, 이 콘텐츠가 시장에서 경쟁력이 있는지를 조회수를 통해 가늠해볼 수 있게 되었다. 이 데이터로 자신의 콘텐츠가 가진 가치를 증명하고, 출판 관계자를 설득할 수 있다. 출판사도 독자들에게 필요한 책을 만드는 데 도움을 받을 수 있다. 유튜브를 하면 자신이 원하는 콘텐츠를 갖고 출판사에 제안할 때도 유리하다.

유튜브를 하면서 출간 계약이 이렇게 쉬운 일이었는지 새삼 놀랐다. 유튜버로서 작가가 되면 시너지도 크다. 책을 쓰면서 나온 내용으로 다시 콘텐츠를 만들어 영상으로 업로드할 수 있고, 출간 후에는 홍보도 내 채널을 통해 할 수 있으니 유리하다. 책으로 강연을 할수도 있다. 유튜버와 작가는 찰떡궁합이다. 유튜브를 시작했다면 커리어에 작가를 추가하는 것도 꿈이 아니다.

# 유튜브가 아니면
# 만날 수 없었던 인연

유튜브를 하면서 가장 신기한 부분은 새로운 인맥이 만들어진다는 것이다. 엄마유튜버이자 재테크유튜버로 활동하며 텔레비전 방송에 출연하고, 인터뷰를 하고 다른 유명 유튜버나 연예인과 함께 방송을 하는 기회를 얻게 되었다.

먼저 자기계발로 유명한 유튜버들과의 만남을 이야기하지 않을 수 없다. '단희쌤' '신사임당' '라이프해커자청' '박세니마인드코칭' '자영업의 모든 것' '샤이니' '냉철TV' '렘군' 등 각자의 분야에서 놀라운 성과를 내고 있는 사람들을 만나면서 자극도 받고 에너지도 얻을 수 있었다. 모두 긍정적이고, 지혜롭고, 매 순간 최선을 다하는 분들이다. 함께 응원하면서 방송을 지속할 수 있는 동지를 얻은 느낌이다. 그리고 이 인연이 더 많은 인연으로 이어지고 있다.

### 새로운 만남은 유튜버의 특권

내가 오랫동안 좋아했던 〈김미경TV〉에 초대되었을 때가 특히 기억에 남는다. 〈김미경TV〉에서 '잠룡대상' 수상자로 뽑힌 덕에 예전부터 책과 〈김미경 쇼〉등을 통해 동경하던 김미경 선생님과 마주앉아 내 이야기를 들려드릴 기회가 생겼다. 가까이에서 그분의 카리스마와 언변, 조언을 듣는 영광스러운 시간이었다.

유튜브를 하면
상상도 하지 못했던 만남이
이루어지기도 한다.

영상 출처: 〈김미경TV〉

슈퍼모델 이소라 님 이야기도 하고 싶다. 이소라 님이 개설한 채널을 보고 반가운 마음에 팬심으로 열심히 시청하고 있었다. 그런데 어느 날, 영상에서 이렇게 말씀하시는 것을 보게 되었다.

"소사장소피아님이 '저도 아이 둘을 키우면서 이렇게 유튜브를 하고 있으니, 당신도 하실 수 있습니다'라고 했는데, 그 말을 듣고 나도 유튜브를 시작했어요."

그 영상에서 내가 거론되는 걸 보고 정말 깜짝 놀랐다. 대학 시절 롤모델이었던 이소라 님이 내 영상을 보고 용기를 얻었다니! 늘 내겐 멋진 여성이었고, 워너비였던 분이 나를 알고 있다는 생각에 뛸 듯이 기뻤다. 이소라 님에게 너무 감사하다는 메일을 보냈고, 친절한 답장도 받았다. 유튜브하길 잘했다는 생각이 드는 순간이 너무 많다. 유튜브를 하지 않았다면 누가 나를 이렇게 알아주었을까, 내게 공감해주고 지지해주는 소중한 구독자님들과 어떻게 만날 수 있었을까, 나를 어떻게 표현할 수 있었을까 싶다.

지금은 '소사장이 만난 사람들'이라는 인터뷰 카테고리를 통해 더 많은 사람들을 만나고 있다. 내가 궁금하고 만나고 싶은 분에게 연락을 드리면 답장이 오고 만날 수 있는 가능성이 커진 지금이 신기하기만 하다. 예전에는 누군가를 만나 궁금한 것을 물어본다는 건 기자만의 특권이었지만 지금은 유튜버도 가능한 일이 되었다. 어쩌면 내 마음대로 질문하고 편집할 수 있다는 점에서는 기자보다 더 자유롭지 않을까 싶다. 앞으로 만날 새로운 인연들과 그들에게 배울 지혜와 경험이 기대된다.

# 전업주부에서 월수입 1,000만 원의
# 크리에이터가 되다

2018년을 맞이했을 때, 모두가 그렇듯 나도 새해 계획을 세웠다. 둘째가 돌이 지난 지 얼마 안 되었을 때였다. 내 인생의 숙제였던 출산이 모두 끝난 시점이라 이제 나만을 위한 계획을 세우고 싶다는 생각을 했고, 올해부터는 후회 없이, 마음껏 살아보자는, 어쩌면 꽤 단순한 결심을 했다. 그러고는 이 결심이 어떻게 이루어지는지를 유튜브에 담아보기로 했다. 유튜브에 담으면 내가 한 다짐을 더 오래 유지할 수 있지 않을까 하는 단순한 생각이었다.

유튜브에 동영상을 올리기 위해 가장 쉽다고 소문난 동영상 편집 프로그램(곰믹스와 뱁믹스)을 컴퓨터에 다운받고, 책이나 영상, 블로그 들을 보면서 영상을 편집하고 업로드하기 시작했다. 구독자도 거의 없어서 사람들을 의식할 필요도 없으니 오직 하고 싶은 대로 '마음껏' 하던 시절이었다. 빨래를 개키는 모습이나 아이를 업고 설거지를 하면서도 찍었다. 정말 마음껏 아무거나 하고 싶은 것을 찍었다.

나는 컴맹에다 기계치다. 그래서 내겐 유튜브에 영상 하나 올리는 일 자체가 매우 큰 도전이었다. 아이 둘을 돌보는 중에 짬을 내기도 힘들었고, 기술도 부족해서 매 순간이 좌절이었다. 그래도 계속했던 건 반복되는 일상에서도 뭔가를 창조하고 생산하고 있다는 느낌이 좋았기 때문이다. 유튜브는 육아와 살림에 지친 내게 오롯이 나만을 위한 공간이기도 했다. 가끔 달리는 댓글이 반가웠고, 갓난아이와 몸이 묶인 상황에서 세상과 연결된 느낌도 들어서 답답함을 덜 수 있었다.

유튜브로 버는 돈은 한 푼도 없었지만, 이런 소소한 재미가 있어서 계속해나갈 수 있었다. 소소한 일상에서 혼자 마음껏 표현했던 유튜브가 어느 날 변화를 맞이하게 되었다. 인스타그램을 보다 한 재무설계사의 우려스러운 피드를 보고 이를 지적하는 영상을 찍어 유튜브에 올렸다. 그런데 그 영상이 갑자기 엄청난 조회수를 기록했다. 시쳇말로 터진 영상이 된 것이다. 한 달 만에 구독자가 7,000명 늘었고, 하루건너 하나 정도 달렸던 댓글이 하루에도 여러 건 달리기 시작했다.

그때부터 유튜브가 전혀 다르게 다가왔다. 구독자들이 '이런저런 영상을 만들어주세요'라고 주문하기도 하며 소통하는 재미가 훨씬 커진 건 물론이고, 질문도 늘어나서 QNA 영상도 찍게 되었다. 유튜브로 라이브까지 하면서 사람들과 온라인으로 대화를 나누는 신기한 경험도 했다. 내 얼굴이 나오는 영상을 사람들이 봐주고 있다는 게 신기한 시기였다. 세상이 나를 알아봐준다는 충족감이 들었다. 내 말에 귀를 기울여주고, 응원을 보내주고 도움이 되었다고 말해주는 사람들 덕분에 일상에서 큰 에너지를 얻을 수 있었다.

**1년 후 다른 삶을 위하여**

2년 차, 수입이 생겼다. 유튜브 애드센스로 처음 광고수익을 받은 것이다. 처음 들어온 수입은 10만 원이었다. 이것도 신기했는데, 곧 협찬광고 수입도 생기고, 스스로 강연 프로그램도 만들게 되니, 수입이 점차 늘어나기 시작했다. 그리고 1년 만에 월수입이 1,000만 원을 넘었다. 이 수입이 더 의미 있는 것은 내가 엄마로서의 역할에 여전히 충실하고, 가족과 함께하는 시간도 특별히 줄지 않았다는 사실이다. 정말 놀라운 일 아닌가!

어느 날 스마트폰을 켜는데, 작년 이맘때 사진을 구글포토가 보여줬다. 사진 속 나는 집에서 생얼로 잠옷을 입고 아이를 보고 있었다. 그 사진을 보면서 이런 생각이 들었다.

'작년이나 지금이나 내 일과나 모습은 별반 달라진 게 없는데 상황은 정말 많이 달라졌네.'

평범했던 전업주부가 몇만 명의 구독자를 모으고, 텔레비전에 출

연하고, 새로운 인연을 만나고, 책을 출간하고, 강의를 열고 하는 과
정이 불과 1년 새 일어났다. 이건 단연코 내가 특별해서가 아니라 유
튜브라는 플랫폼이 있어서 가능한 일이다. 지금도 많은 사람들이 유
튜브에서 놀라운 경험을 하고 있다. 내가 했듯 당신도 할 수 있다. 내
가 열고 있는 유튜브 교육 과정인 '유튜브마스터' 수업을 통해서 계
속 확인하고 있는 중이기도 하다.

하루하루 꾸준히 결과물을 쌓아가면 분명 1년 후에는 전혀 다른
세상에서 살게 될 것이다. 그렇게 하겠다고 다짐하고, 하루하루 집
중하면 된다. 생활을 크게 바꾸지 않아도, 시간을 많이 쓸 필요도 없
다. 이 말만 하면 된다.

'이 사람도 하고, 저 사람도 했는데, 나라고 못할 게 있어?'

# 제2장

# #엄마가
# 콘텐츠다

# 콘텐츠에는
# 제약이 없다

'먹방'이란 것을 처음 본 날, 나는 그야말로 문화충격을 받았다. 화면 속 사람은 배달음식을 앞에 두고 수다를 떨며 열심히 먹고 있는데, 이걸 몇백 명의 사람들이 보며 채팅을 하고 있었다. 남이 먹는 모습을 보고 즐거워하는 사람이 이렇게 많다니! 도대체 이걸 왜 보고 있는 거지? 뭐가 재미있는 거지? 자신이 구매한 물건의 포장을 뜯는 '언박싱' 영상도 당황스러웠다. 택배상자를 뜯어 자신이 무엇을 샀는지 보여주고, 옷장을 열어 자신이 갖고 있는 옷과 신발을 보여주는 영상들. 문구부터 장난감까지 모든 것을 보여주고 자랑한다. 이전까지 텔레비전에서는 보지 못했던 콘텐츠와 형식이었다.

속삭이는 듯한 목소리로 간지럽게 이야기하는 'ASMR'은 또 어떤

가? 왜 저 사람은 저렇게 작은 소리로 속삭이고 역할놀이를 하는 것일까 신기했다. 엄청난 조회수에 놀라고, 이를 들으며 잠드는 수많은 사람들이 있다는 사실에 또 놀랐다. 물론 지금은 다양한 콘텐츠를 보는 이유를 어느 정도 이해하고 있고, 크리에이터들을 매우 존경하고 있다. 이제는 콘텐츠를 만드는 어려움과 노하우를 이해하고 있기 때문이다. 하지만 처음 이런 영상들을 시청했을 때는 당황스러웠다.

우리 집 네 살배기 둘째 녀석이 가장 좋아하는 영상은 〈뽀로로〉가 아니다. 플라스틱 동물인형들을 물을 받아놓은 대야에 던지는 영상이다. 이 채널은 계속해서 여러 동물인형들을 다양한 방식으로 어딘가에 던진다. 모래를 담은 바스켓에 던지기도 하고, 흐르는 물에 던지기도 하고, 작은 구슬 더미에 던지기도 한다. 그 영상을 둘째 녀석은 무한 반복해서 보고 있다. 세상에는 내 아들과 같은 아이들이 많다는 것을 증명하듯이 이 영상은 어마어마한 조회수를 자랑하고 있다. 아이들은 이 영상의 어떤 부분이 재미있는 것일까?

유튜브 콘텐츠는 다양하고, 신선하며, 예측불허다. 이것이 유튜브가 텔레비전 방송 프로그램과 다른 점이라 생각한다. 전 세계 사람들이 쉴 새 없이 새로운 무언가를 만들어내고 있다. 유튜브에서는 콘텐츠의 제약이 없다. 한계는 크리에이터에게 있을 뿐이다.

나 역시 콘텐츠의 한계는 나 자신이라는 생각을 자주한다. 내가 한계를 깰 수 있다면 세상 모든 것이 콘텐츠로 보일 것이다. 유튜브를 하고 싶지만 콘텐츠가 없어 고민이라는 말을 많이 들었다. 자기 능력 안에서만 콘텐츠를 찾으려고 하기 때문이다. 그래서 시작하지 못하고 더 많은 책을 읽고, 공부하고, 커리어부터 쌓으려고 한다. 하지만 정말 중요한 것은 세상의 모든 것들에서 콘텐츠를 발견해내는 눈과 자신만의 시선으로 정돈하여 전달하는 능력이다. 그리고 이것은 누구나 관심을 갖고 노력하면 충분히 해낼 수 있는 일이라고 생각한다.

이제부터 영상을 볼 때는 생산자의 관점에서 시청해보기를 바란다. 콘텐츠에 숨어있는 기획을 떠올려보자. 이 크리에이터는 어떻게 이 소재로 이런 영상을 만들어냈을까 생각해보는 것이다. 그리고 내 주변과 내가 경험하는 모든 것들에 대해 '영상화할 수 있을까? 그렇다면 어떤 방식으로 찍으면 될까'를 고민해보는 것이다. 이런 시선으로 세상을 바라보는 연습을 하면 내 눈에 보이는 것들이 콘텐츠로 바뀐다는 것을 깨닫게 될 것이다.

유튜브는 최고의 소재나 아이디어가 필요한 플랫폼이 아니다. 무엇이 어떤 반응을 이끌어낼지 모른다. 그러니 일단 시작해보는 게 중요하다. 그렇게 하다보면 자기 몸에 맞는 콘텐츠를 만날 때가 온다. 또는 자기에게 맞는 작업 방식을 발견할 수 있게 된다. 적어도, 콘텐츠가 없어서 유튜브를 못 한다는 말은 하지 말자.

# 가장 나다운 것부터
# 시작하자

미용실을 운영하는 분의 채널 컨설팅을 하게 되었다. 〈친근한 동네미용실〉이라는 채널이다. 소개를 듣자마자 채널명부터 바꿔야 한다고 생각했다. 전문 미용인으로 어필하기엔 〈친근한 동네미용실〉이라는 이름은 약하다는 생각이 들었기 때문이다.

내 생각은 몇 개의 영상을 살펴본 후 달라졌다. 당연히 미용기술이 콘텐츠의 대부분일 거라고 생각했는데, 실제로는 고객과의 대화, 고객이 풀어내는 스토리, 20년간 미용인으로 살아온 자신의 진심을 담은 이야기가 주요 내용이었다. 현란한 미용기술을 선보이고, 고객의 비포앤애프터의 차이를 내세우는 다른 미용전문 채널과는 완전히 다른 모습이었다. 카메라는 흔들리고, 편집도 개선할 부분이 많았지만, 보고 있으면 점점 영상 속의 진솔하고 따뜻한 이야기에 빠져들어서 기술적인 약점이 느껴지지 않았다. 댓글을 살펴보니 다들 나처럼 감동과 따뜻함을 느끼고 있었고, 응원하는 내용이 많았다.

결국 이 채널은 채널명을 그대로 두고, 아예 '인간극장'이라는 단어를 덧붙여서 본격적으로 미용실에 오는 친근한 주변인의 이야기를 담아보라고 조언했다. 만약 내가 다른 미용인의 채널처럼 고치라고 조언했다면 아마 본인도 부담스럽고 바꾸는 과정이 버거웠을 것이다. 이렇게 자신의 모습을 그대로 드러내는 방향으로 정하니까 더욱 확신을 갖고 즐겁게 채널을 운영하게 되었다. 그 결과 충성스러운 구독자층을 만들고 있고, 얼마 전 구독자 1,000명을 넘겨 광고수익도 얻을 수 있게 되었다.

유튜브를 이제 막 시작하려는 사람들은 시선이 자신이 아닌 구독자에게 가 있다.

"이런저런 내용을 찍으면 사람들이 좋아하고, 조회수도 잘 나올 것 같아요. 그리고 이런 것을 찍는 사람은 없더라고요."

물론 유튜브에 없는 신선한 콘텐츠를 제공할 수 있다면 너무 좋을 것이다. 하지만 대부분은 그 주제로 찍은 사람이 없었던 것이 아니라 인기가 없어 노출되지 않았을 확률이 높고, 그만큼 시장성이 낮을 확률이 크다는 것이 문제다. 지속적으로 콘텐츠를 만들어내기 어렵거나 그 내용을 영상으로 담는 촬영 과정이 어렵다거나, 생각보다 타깃 구독자수가 적을 가능성이 높다는 이야기다. 하지만 이를 깨닫기 위해서도 결국에는 직접 해보는 수밖에 없다. 경험을 통해 데이터를 쌓고 자신만의 방향을 찾아가야 한다.

유튜브는 하나의 영상만으로 소득을 얻을 수 있는 플랫폼이 아니다. 하나의 훌륭한 영상보다 더 중요한 것이 지속적인 콘텐츠 생산이다. 하지만 대부분은 이미 잘나가는 유튜버들을 흉내 내면서 억지로 캐릭터를 잡거나, 콘텐츠를 따라 하는 경우가 많다. 이렇게 되면 자기 것이 아니기 때문에 한계를 만나게 되고 채널 운영을 지속하기 어렵다.

### 내 경쟁력은 '나다움'에 있다

내가 설정한 주제가 다른 유튜버의 조회수로 검증된 콘텐츠가 아니어도 나다운 콘텐츠를 만드는 데 도전해보기 바란다. 자연스럽게 카메라를 바라보고, 이야기를 해보고, 편집하고 업로드하면서 경험을 쌓는 것이다. 방송도 편집도 경험을 쌓는 물리적인 시간이 반드시 필요하다. 그 과정 안에서 나를 알아가는 게 중요하다. 내 자연스러운 모습이 시청자들에게 고스란히 전해져야 한다.

우리는 전문적인 예능인이나 방송인이 아니다. 우리의 경쟁력은 나만의 개성, 나를 드러내는 자연스러움이다. 전문 방송 수준의 콘텐츠를 보고 싶은 사람은 텔레비전을 켜거나, 이미 그 분야에 자리 잡은 유명 유튜브 채널을 보고 있을 것이다. 뛰어난 편집이나 기술, 화려한 겉모습으로 승부를 볼 생각이 아니라면 이 부분은 애초에 포기하고 자연스럽고 진솔한 모습으로 나다운 유튜브를 시작하자. 그것이 훨씬 더 강한 힘을 발휘한다고 믿는다.

　나의 장점과 차별성을 찾는 것이 유튜브를 오래, 즐겁게 할 수 있는 유일한 길이다. 게다가 내 모습을 그대로 인정받고 칭찬까지 듣게 되는 상황이라면 어떨까? 정말 멋진 일 아닌가? 내가 그랬다. 그 기쁨이 너무 커서 수익이 전혀 없는 시기에도 유튜브를 즐겁게 할 수 있었고, 결국 성과로 이어졌다고 생각한다. 유튜브를 자신을 표현하고, 자신을 더 알아가는 도구로 활용해보면 그 과정 자체가 즐거움과 큰 만족을 준다는 사실을 꼭 기억하기 바란다.

# 엄마가 유튜버를
# 잘할 수 있는 이유

　여덟 살과 네 살, 두 아이를 키우고 있는 지금이 아마 인생에서 가장 바쁜 시기가 아닐까 싶다. 엄마의 시간은 온전히 엄마의 것이 아님을 늘 깨닫게 된다. 워킹맘이라면 얼마나 더 바쁠지 상상이 되지 않는다. 하루하루 얼마나 초를 쪼개며 살고 있을까. 소중한 생명을 키워내며 다양한 일들을 해내고 있는 엄마는 정말 위대한 존재다.

　이렇게 엄마들이 바쁘다보니 유독 엄마유튜버는 눈에 잘 띄지 않는 것 같다. 하지만 그럼에도 유튜버를 추천한다. 내가 해본 방식대로 모바일을 활용한다면 얼마든지 틈틈이 유튜브를 운영할 수 있다. 내가 엄마들에게 유튜브를 추천하는 더 중요한 이유는, 엄마들이야 말로 유튜버가 되기에 좋은 자질을 갖고 있기 때문이다.

## 엄마의 붙임성

나는 사실 낯가림이 심하다. 모르는 사람들이 있으면 말을 하기보다는 조용히 듣는 편이다. 처음 아이를 유치원에 보내고 다른 엄마들을 만났을 때 그들의 붙임성에 깜짝 놀랐다. 엄마들은 나를 보자마자 '수정 엄마'라고 부르면서 쉽게 말을 붙였다. 같이 아이를 키우고 있다는 공통분모 때문에 쉽게 대화가 시작되고 금세 친해졌다. 어느 날부터는 내가 먼저 "○○ 엄마~ 이리 와서 같이 얘기해요!" 하고 부르고 있었다. 이젠 버스 옆에 앉은 아줌마랑도 능청스럽게 이야기를 할 수 있게 되었고, 우체국이나 시장에서 처음 본 사람들과도 쉽게 말문을 튼다. 엄마가 된 후, 확실히 부끄러움이 줄었고 붙임성도 생겼다. 처음 만난 사람이어도 아기 엄마라면 쉽게 이야기를 시작할 수 있다. 유튜브를 할 땐 내 이야기를 시작해야 하고, 구독자들과의 붙임성도 필요한데, 엄마유튜버라면 그 점에서 자신감이 있지 않은가?

## 소통과 공감능력

소통과 공감능력은 유튜브에서 아주 중요하고 꼭 필요한 요소다. 유튜브는 일종의 개인방송국이다. 기존 공중파 방송과 가장 큰 차이점은 '소통·공감의 속도와 편의성'이라고 생각한다. 내가 영상을 업로드하면 곧바로 댓글이 달리고 '좋아요' '싫어요'가 표시된다. 사람들의 반응이 즉각적이다. 나는 댓글들을 하나하나 꼼꼼히 보면서 답글도 열심히 단다. 그 행동이 바로 소통이다. 이 점이 기존의 텔레비전 방송과는 확연히 다른 부분이고, 사람들을 유튜브에 머물게 하는 힘이 된다고 생각한다. 하지만 모든 유튜버가 이렇게 열심히 소통하는 것은 아니다. 그렇기 때문에 엄마야말로 가능성이 있다고 생각한다.

공감능력이 뛰어난 크리에이터는 댓글창 분위기도 확연히 다르다. 소통이 잘 되는 채널들을 관찰해 보면 조회수에 비해 댓글이 많고, 댓글도 길고, 답글까지 달리면서 친근한 느낌이 풍긴다. 유튜버의 공감능력과 소통능력을 시청자들이 그대로 느끼는 것이다. 엄마들이 가진 특유의 공감능력과 소통능력은 큰 무기다. 소통을 하면 구독자들의 채널 충성도가 높아지기 때문에 유튜브를 운영하는 데 큰 도움이 된다.

### 엄마의 언어가 곧 콘텐츠다

엄마들은 쓰는 언어가 다르다. 모든 세대나 계층, 직업에 따라 사용하는 말이 다른 부분이 있는데, 엄마들 역시 엄마들만의 언어와 표현법이 있다. 공감을 표현하는 리액션, 친근한 어투, 좋은 의미의 '오지랖' 같은 것들이 엄마들이 사용하는 언어의 특징이 아닐까 싶다. 엄마들이라면 바로 눈길을 주는 키워드들도 많다. 아이, 결혼, 남편, 시댁, 경력단절 고민, 살림, 육아템, 재테크…. 엄마들과 이야기를 하면 다양한 주제가 끝없이 나온다. 그 어느 세대나 계층보다 다양한 키워드로 이야기하는데, 내 눈에는 이 모든 것들이 다 콘텐츠로 보인다.

엄마들의 특징 중 하나가 리액션이다. 누군가 위에 나온 키워드로 말을 꺼내면 다른 엄마들은 전문방송인 부럽지 않은 화끈한 리액션으로 곧장 대화에 합류한다. 남편은 말귀를 못 알아먹으니 답답했던 이야기들도 엄마들은 끄덕이며 '맞아, 맞아!!' 해주니 속이 다 후련하다.

유튜브를 시작하면서 전문가답게, 커리어우먼처럼 보이려고 하는 사람이 많다. 물론 그런 모습이 필요한 내용도 있고, 콘텐츠에 따라 그런 모습을 보여주는 것도 훌륭한 전략이 될 수 있다. 하지만 일상을 주제로 한 콘텐츠라면 '엄마'의 모습을 보여주는 게 좋다. '엄마'는 그 자체로 훨씬 친근하고 접근하기 쉽고 그 자체로도 힘이 있는 콘텐츠다.

### 소비는 엄마가 결정한다

집을 빨리 팔고 싶으면 부엌 인테리어를 잘해야 한다는 말이 있다. 집 구매를 결정하는 것은 아내이기 때문이다. 집 구매만이 아니라 가계의 소비 대부분을 아내가 결정한다. 가구, 살림살이 장만, 장보기, 육아템 구매 등등 집안 구석구석이 엄마의 결정으로 채워진다. 유튜브를 운영하다보면 크리에이터와 비슷한 연령대인 사람들이 구독자가 되는 경우가 많다. 즉 엄마유튜버라면 구독자들이 엄마일 가능성이 높다. 그렇기 때문에 기업들은 소비의 결정권을 가진 엄마들이 모이는 채널, 엄마들과 소통하고 관심사를 엄마의 언어로 잘 표현하는 크리에이터에게 관심을 가지지 않을 수 없다. 그만큼 기회도 많아진다. 엄마유튜버는 협찬에서도 매우 유리한 것이다.

엄마들은 각종 소비재의 주 구매층이기 때문에 유튜브를 운영할 때 각종 협찬이나 제휴가 들어오는 제품의 범위가 넓고 기회도 많다. 나는 자기계발, 재테크 콘텐츠로 채널을 운영하는데도 생활용품 관련 협찬 제안이나 리뷰 요청을 정말 많이 받고 있다. 이건 내가 다루는 콘텐츠와는 별개로 내가 엄마이기 때문이다. 아이용 화장품, 아이 욕조 같은 육아템부터 선풍기, 청소기 같은 살림아이템, 의류 쇼핑몰 의상 협찬, 아이와 함께하는 여행 체험까지 다양하다. 그만큼 엄마를 주 타깃으로 하는 수많은 상품과 서비스가 있고, 기업들은 이를 홍보해줄 유튜버를 열심히 찾고 있다는 의미다. 그래서 엄마유튜버는 다른 유튜버에 비해 수익을 낼 수 있는 기회가 훨씬 일찍 열린다. 이전 커리어와 무관하게 엄마라는 자격만으로도 많은 가능성이 열린다는 것을 믿고 자신 있게 유튜브를 시작하길 바란다.

# 나에게 부족한 부분은
# 다른 사람의 지혜로 채워라

보통은 내가 기존에 갖고 있던 가치관이나 지식, 정보를 담아 영상을 찍는다. 하지만, 어떤 주제는 내가 아직 가치관을 정립하지 못했거나, 내 의견에 대한 자신감이 부족한 경우도 있다. 또는 내가 모르는 분야지만 궁금하기 때문에 누군가에게 묻고 싶은 경우도 있다. 그럴 땐 다양한 의견을 구하는 영상을 찍거나 영상 내에서 사람들의 의견을 담는다.

한번은 가정불화와 관련된 고민을 담은 댓글이 달렸다. 글의 내용이 너무나 절실했고 꼭 도움을 주고 싶었지만, 내가 답변을 하기에는 역부족이었다. 결국 사람들에게 공유하여 지혜를 모아보자고 생각했다. 영상에 댓글을 공개하고 도움을 요청했다. 나는 다수의 힘을 믿는다. 한 사람의 천재보다는 여러 사람의 평범한 생각이 모여 더 큰 지혜를 만들어낼 수 있다고 믿는다. 그랬더니 내 예상보다 더 많은 사람들이 자신의 고민처럼 생각해주고, 진심 어린 조언들을 댓글로 달아주었다.

타인을 위해 자신의 시간을 내어 진심으로 글을 써주는 사람들. 그 댓글들을 읽고 지지해주고, 또 다른 방법을 제시해주는 사람들. 댓글 창이 사랑과 감동으로 물드는 현장이었다. 그중에는 힘이 나는 경험담과 위로의 말들도 많았고, 실질적으로 바로 도움을 얻을 수 있는 구체적인 방법도 있었다. 처음 고민을 올렸던 사람은 댓글을 꼼꼼히 다 읽고, 정말 큰 도움이 되었다는 감사의 말을 댓글로 남겼다. 내 유튜브 채널이 이런 공간으로 활용되는 게 뿌듯해지는 순간이었다. 내 힘은 부족했지만, 더 많은 사람들의 지혜로 결국 좋은 결과를 이끌어냈다. 참여한 사람들도 따뜻한 감정을 가져갔고, 사연을 올린 사람은 도움을 받았다. 이 경험과 사람들의 지혜를 통해 나 역시 성장할 수 있었다.

### 모르는 분야도 찍을 수 있다

2019년 12월 16일 부동산 대책이 발표되었을 때 나는 다른 사람들과 이야기를 해보고 싶어졌다. 내가 미처 생각하지 못한 부분이나 궁금한 점에 대해 의견을 나누고 싶었다. 이 분야에 정통한 세 사람에게 전화를 걸어 목소리를 그대로 영상에 담았는데 정말 재미있는 경험이었다. 의견이 조금씩 다르기도 하고 공통점도 있었는데 이 것들을 내 생각으로 정리해나가는 재미가 있었고, 내가 느낀 재미를 시청자도 함께 느낄 수 있는 영상이었다. 내가 마치 〈백분토론〉의 진 행자라도 된 느낌었다.

내가 모르는 분야라도 소통을 통해 콘텐츠를 채울 수 있다.

이렇게 영상을 찍어나가다 보니 내가 모르는 분야라도 콘텐츠를 만들 수 있다는 것을 깨달았다.

"나는 이렇게 생각하고 있는데 어떻게 생각하세요?"

하고 물어볼 수도 있고,

"당신의 생각은 무엇인가요? 좀 더 나은 방법이 있을까요?"

하며 의견을 구해보는 것도 훌륭한 영상을 만들 수 있는 방법이 었다. 게다가 이런 방식은 영상을 가볍게 찍을 수 있도록 해준다. 내 가 어떤 분야의 전문가를 자처하면 부담은 백배가 된다. 지속적으로 콘텐츠를 만들기도 어렵다. 내 생각이 틀렸을 때 책임을 어떻게 질

것이며, 반론에는 어떻게 대처할지 두려울 수밖에 없다.

실제로 이런 두려움 때문에 자기 생각을 '감히' 말할 수 없다고 생각하는 사람이 많다. 나는 이렇게 조언하고 싶다. 자기가 완벽하지 않다는 것을 인정하면 마음이 가벼워진다. 완벽하지 못해도 자기 생각을 표현하는 이유는 세상에는 다양한 사람들이 있고 그만큼 다양한 생각들이 있기에 나만의 생각은 그 자체로 가치가 있다고 믿기 때문이다. 내 생각을 먼저 꺼내고, 타인의 지혜를 더해 내 생각의 폭을 넓혀나간다고 마음먹으면 용기가 생긴다. 가벼운 마음으로 조언을 구해보자.

"나는 이렇게 생각하는데 당신 생각은 어떤가요? 당신 생각을 들려주세요. 부족한 내게 도움을 주세요."

하고 말이다.

# 내 이야기가 가진
# 희소성을 믿어라

"전 말도 잘 못하고, 잘하는 것도 없고, 특출난 게 아무것도 없어요. 이런 저도 유튜브를 할 수 있을까요?"

당신이 주로 시청하는 유튜브 크리에이터들은 어떤 부분에 특출난 사람들일 가능성이 높다. 말을 아주 잘하거나, 개성이 넘치거나, 요리나 화장 같은 분야에 대단한 재능이 있거나, 영상 편집이 기가막히거나. 이런 크리에이터들을 보고 있으면 점점 자신감이 떨어진다. 그렇게 뒷짐만 지고 있으면 점점 유튜브의 무궁무진한 기회와 가능성은 남들의 이야기가 되어 간다.

나는 〈인간극장〉〈생활의 달인〉〈전국노래자랑〉을 좋아한다. 주변에서 흔히 볼 수 있는 친근한 사람들이 주인공인 프로그램들, 진짜 이야기가 담긴 모습에 감동하게 된다. 이 프로그램들은 왜 이토록 오래 사랑받고 있을까? 그 이유는 유튜브에서도 찾아볼 수 있다. 연예인이나 유명인이 아닌 평범한 사람들이었지만, 유튜브에서 엄청난 지지를 받는 사람들이 많다. 박막례 할머니는 내 할머니 같은 친근함을 갖고 있고, 보겸은 동네 형 같다고 말한다. 그들은 친근함을 무기로 연예인들보다 더 높은 인기를 얻고 있다.

〈채널MJ〉는 고시원 생활을 공개하여 많은 이들의 공감과 지지를 받은 크리에이터이다. 지방에서 서울로 올라와 편의점 아르바이트를 하며 언론사 시험에 도전하고 있는 여성이다. 그녀는 자신의 고시원 방과 하루 일과를 가감 없이 솔직하게 털어놓는다. 특별할 것 없는 그녀의 삶에 왜 사람들은 그토록 공감하고 응원을 보내주는 것일까?

어떤 분야에 특출난 재능이나 뛰어난 능력이 있어야만 유튜브 채널을 만들 수 있고, 인기를 얻을 수 있는 것이 아니다. 오히려 자신을 솔직하게 표현하는 것부터 시작하는 게 나을 수 있다. 잘나거나 멋진 모습보다 있는 그대로 진실된 모습을 보여주는 게 더 중요하다고 생각한다. 그런 모습에서 사람들은 용기·위로·희망을 얻는다. 그래서 유튜브가 누구나 해볼 만한 플랫폼인 것이다.

예전의 방송은 오직 방송국에서 엘리트만이 할 수 있는 일이었다. 하지만 지금 유튜브에서는 학벌, 나이, 능력과 상관없이 수많은 크리에이터들이 방송을 만들고 있다. 나 역시 〈소사장소피아〉 채널의 PD이자 작가, 연기자 역할을 하고 있다. 다양한 사람들이 자신만의 방송국을 세워 다양한 이야기를 하고 있다. 시청자는 이전보다 더 열린 마음으로 다양한 이야기를 포용하고 있다.

유튜브는 열려 있다. 가짜가 넘치는 세상 속에서 '진짜 사람들'의 '진심'이 담긴 이야기는 늘 희소가치가 있고 가슴을 울린다. 유튜브에서 자신을 솔직하게 표현해보자. 내가 큰 용기를 냈다면 이를 보는 사람도 당연히 그 사실을 알게 된다. 이렇게 조금씩 노력해나가면 그 과정 자체가 곧 '자기성장' 과정이 된다.

# 내 도전이
# 콘텐츠가 된다

　나는 결혼 9년 차에 아이 둘을 키우는 엄마다. 지금도 방금 큰아이를 학교에서 데려왔고, 둘째가 잠든 틈을 타서 글을 쓰고 있다. 여전히 육아와 살림이 가장 우선순위인 전업주부라는 '느낌'으로 살고 있다. 느낌이라고 한 이유는 유튜브를 통해 돈도 벌고, 외부 활동도 하는 크리에이터라는 직업을 가졌다고 할 수도 있지만, 여전히 집에서는 아이들과 살림이 최우선이기 때문이다. 유튜브와 글쓰기는 그다음 순위다.

　2019년 4월, 네 살이 된 둘째가 어린이집에 가면서 드디어 온전한 나만의 시간이 조금 만들어졌지만, 이전까지는 껌딱지 아들과 거의 모든 시간을 붙어서 지내야 했고, 초등학교에 입학한 첫째 딸의 스케줄에 맞춰 움직여야 했다. 그 안에서 틈틈이 영상을 찍고, 편집을 하고, 책을 썼다. 그러다 보니 하루가 정말 빨리 지나갔다. 해야 할 일을 다 끝내지 못하고 하루가 마무리되기 일쑤였다. '딱 한 시간만 더 있으면 영상 편집을 끝내고 오늘 업로드할 수 있을 것 같은데…' 하며 아쉬움을 삼키는 날들이 많았다. 어서 영상을 올리고 사람들의 반응을 보고 싶은데, 육아와 살림에 밀려 업로드를 미루는 상황이 반복되었다.

'아휴, 결국 오늘도 영상을 못 올렸네. 여유롭게 영상 찍고 편집하는 사람들이 부럽다….'

홀로 속상해하며 고군분투하는 내 자신이 애처로워서 남편에게 투정을 부려보면 남편은 팩트 폭격기를 출격시킨다.

"당신이 원해서 하는 거잖아. 누가 시켜서 하는 것도 아닌데 힘들면 하지 마. 아니면 아이를 맡기거나 사람을 쓰거나 다른 방법을 찾아보든지."

"고생이 많네. 힘내!"

이런 공감과 위로의 한마디를 기대한 내가 바보라는 생각이 드는 답변이 매번 반복된다. 하지만 또 틀린 말은 아니다. 나 스스로를 가엽게 여기는 연민의 감정은 접어두고 다시 내 상황을 돌아보게 된다. 사실 남편 말대로 힘들면 안 하면 된다. 이때 내가 왜 유튜브를 시작했는지 자문하게 된다.

## 유튜브는 엄마의 성장판이다

나는 유튜브가 너무 재미있다. 나를 표현하고 세상과 소통하는 창구가 유튜브다. 내 영상을 보고 도움이 되었다며 댓글을 남겨주시는 분들에게 힘을 얻고, 보람을 느낀다. 그 즐거움과 희열이 너무 커서 힘들어도 계속할 수 있었다. 결국 유튜브는 내가 좋아서 하는 것이다. 육아도 마찬가지다. 아이를 일찍 어린이집에 보내거나 누군가에게 도움을 받을 수도 있지만, 아이가 자라는 순간을 놓치기 싫다는 바람으로 내가 선택한 일이다. 누구를 원망할 게 아니었다. 내가 선택했으니 불평불만은 거두고 내가 무엇을 할 수 있는지 찾아보자고 결심하고 나름의 요령을 터득해나가기 시작했다.

그렇게 고민하면서 나만의 방법을 찾았다. 카메라 대신 스마트폰으로 촬영하고, 편집 시간을 줄이기 위해 스마트폰 편집어플을 찾았고 NG 없이 찍을 수 있도록 미리 준비하고 연습했다. 틈이 나면 바로 촬영을 하기 위해 미리 기본 화장을 해놓는 등 노하우가 생기기 시작했다. 이렇게 하니, 정말 내 상황에서도 유튜브 운영이 가능했고, 시간도 훨씬 절약할 수 있었다.

이렇게 스마트폰으로 찍고 편집하는 작업 방식을 영상으로 소개했다. 컴맹에 기계치라는 말도 덧붙였다. 이 영상에 대한 반응이 놀라웠다. 대부분 내 모습을 보며 용기가 생겼다는 내용들이었다. 거창한 장비로 찍고 전문적인 편집프로그램을 다룰 줄 알아야 한다고 생각해서 지레 포기했던 사람들, 나처럼 아이를 돌보느라 시간이 부

내가 성장하는 과정에서
기회가 찾아온다.

족한 엄마들에게 구체적인 길을 제시할 수 있게 된 것이다.

유튜브를 하고 싶지만 망설이고 있다는 사람들의 이야기를 들어 보면 정말 여러 가지 이유가 나온다. 각각의 이유는 모두 일리가 있고, 공감 가기도 하고, 나도 겪었던 일이다. 하지만 그 과정을 지나보니 이런 어려움이 오히려 기회라는 것을 알게 되었다. 그래서 지금 나는 이렇게 조언하고 싶다.

"해결할 방법을 찾아보세요. 그걸 해내면 나와 똑같은 상황에 있는 분들에게 용기와 희망을 줄 수 있어요. 그분들의 열렬한 지지도 얻게 될 수 있어요. 그리고 무엇보다도 그 과정에서 내가 성장했다는 것을 알게 될 거예요. 돌아보니, 제약은 장애물이 아니라 도전 대상이고 성장할 수 있는 기회고 그 자체로 매우 훌륭한 콘텐츠더라고요."

# 내가 꿈을 이루면,
# 나는 다시 누군가의 꿈이 된다

〈미팩TV 미라클스토리〉
크리에이터 남규리

나는 〈미팩TV 미라클스토리〉 채널을 운영하고 있는 50대 초반의 크리에이터이자 두 딸아이의 엄마다. 유튜브를 시작하면서 나는 스스로를 아이의 엄마가 아닌 유튜브 크리에이터로 먼저 소개할 수 있게 되었다. 2019년 12월을 기준으로 하면 유튜브를 시작한 지는 10개월 정도다. 현재 구독자는 2만 2,000명 정도이고, 매달 평균 120만 원에서 150만 원 정도의 애드센스 광고수익을 얻고 있다.

나는 갱년기가 시작될 무렵, 몸도 마음도 지쳐 있는 상태에서 유튜브를 시작했다. 무엇을 해도 마음에 차지 않고 감정은 불안불안했다. 이런 상태에서 유튜브를 시작하니 채널의 성장은 무척이나 더뎠다. 컴맹이다보니 영상이 마음에 들지 않아서 찍고 지우기를 반복하다 날을 샌 적도 많았다. 편집프로그램도 손대기 어려워서 막막하기만 했다. 그래도 그저 영상을 하나씩 올릴 때마다 얻는 성취감과 사람들의 반응이 너무 즐거웠다. 이 글을 쓰고 있는 오늘도 영상을 찍느라 밤을 샜지만 피곤하거나 힘들다는 생각이 전혀 안 들 정도로 유튜브가 재미있다.

나는 내가 겪고 있는 갱년기를 솔직하게 고백한 영상으로 사랑을 많이 받았다. 내 이야기에 누가 관심을 기울이고 시간을 써서 들어줄까 생각했는데 생각 이상으로 많은 분들이 나를 응원해주고 공감해주었다. 사람들은 내 촬영이나 편집기술보다는 진심 어린 이야기에 마음을 열어주었다. 그 덕분에 나의 솔직한 이야기가 통할 수 있다는 자신감도 얻을 수 있었다. 젊은 사람들을 좇기보다는 나만의 이야기를 하는 게 중요하다는 것을 알게 되었다.

행복하게 소통하면서 하루하루를 쌓아가다 보니, 어느새 많은 구독자들이 생겼고, 애드센스 말고도 많은 것을 얻을 수 있는 기회가 만들어졌다. 나는 오래전부터 책을 쓰고 강의를 하는 게 꿈이었는데, 10개월 전에는 아무런 근거도 없는 막연한 희망이었던 것이 이제는 손에 거의 잡히는 구체적인 목표가 되어가고 있다. 인생 2막을 멋지게 살 수 있도록 방향을 제시해주는 유튜브가 고맙고 보험처럼 든든하다.

50대의 컴맹이었던 나도 도전하고 즐겁게 하고 있다. 유튜브는 삶의 열정을 다시 깨어나게 해주었고 또 다른 세상을 보여주었다.

나는 "내가 꿈을 이루면, 나는 다시 누군가의 꿈이 된다"는 말을 좋아한다. 이제는 나도 누군가의 꿈이 되어주고 싶다는 새로운 꿈을 꾸고 있다. 유튜브라는 멋진 플랫폼이 있으니 가능하다고 믿는다. 나와 여러분들의 빛나는 내일을 응원하고 싶다.

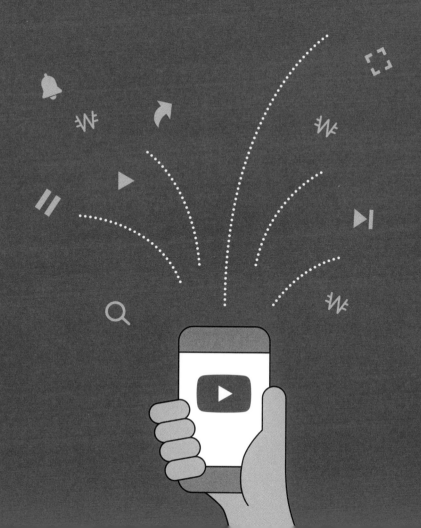

제3장

# 틈틈이 크리에이터 노하우

# 엄마에서
# 틈틈이 크리에이터로

내가 유튜브 채널을 운영하는 데 필요한 장비는 '스마트폰' 하나다. 가끔 외부에서 촬영할 때는 2만 원짜리 핀마이크를 스마트폰에 꽂기도 하지만, 집에서는 그마저도 잊는 경우가 많아 오직 스마트폰 하나로 영상을 찍고 있다.

처음 유튜브를 시작했을 때는 10만 원대 중고 카메라(소니 NEX-5)를 사용하여 찍고 컴퓨터로 뱁믹스나 곰믹스 같은 편집프로그램을 사용했다. 그때는 그게 그나마 가장 간단한 방법이었다. 하지만 그마저도 기계치인 내겐 참 어려운 일이었다. 카메라로 찍은 영상을 컴퓨터로 옮기는 데도 한세월이었고, 편집을 하려면 무조건 컴퓨터 앞에 앉을 시간을 확보해야 했는데, 아이와 늘 붙어 있어야 했던 내 상황에서는 그 시간을 확보하기가 어려웠다. 편집을 끝내기 전에 아이가 낮잠에서 깨기 일쑤였고, 외출했을 때 아이가 잠들기라도 하면 편집할 기회가 사라진 것 같아 괜히 아쉬운 마음이 들기도 했다. 컴맹이라서 프로그램상 예상하지 못한 오류가 나면 하루가 그냥 날아가는 일이 예사였다. 영상 하나를 올리는 게 육아와 살림 사이에서 큰 도전이었다.

이 과정을 좀 더 간편하고 쉽게 할 수 없을까 고민하다 시도한 것이 스마트폰을 이용한 촬영과 어플리케이션을 이용한 편집이었다. 당시만 해도 대부분의 크리에이터들이 좋은 카메라와 고급 편집프로그램을 기본으로 생각했고, 관련 서적도 온통 전문적인 프로그램에 대한 것들뿐이었다. 당시에는 영상의 퀄리티는 포기한다는 선언이나 다름없는, 나름 용기가 필요했던 선택이었다.

## 스마트폰이 열어준 유튜브의 문

스마트폰으로 찍고 편집하면서 나의 유튜브 채널은 극적으로 바뀌었다. 우선 언제 어디서든 찍을 수 있게 되었다. 아이를 데리러 가거나 운전할 때 갑자기 아이디어가 떠오를 때가 많았었는데, 이젠 스마트폰을 이용해서 그 자리에서 바로 영상을 찍는다. 아이가 차 안에서 자주 잠이 들기 때문에 이 시간을 본격적으로 활용하기 위해 '흡착식 삼각대'를 장만했다. 차 안에서 찍은 영상도 의외로 조회수가 잘 나오는 걸 보면서 결국 장소보다는 내용이 더 중요하다는 게 확실해졌다. 이렇게 자신감을 얻은 후로는 아이디어가 떠오를 때마다 바로 차 안에서 찍거나, 야외 벤치에 앉아 찍거나 걸으면서 찍기도 했다. 진정으로 장소의 제약에서 벗어난 것이다.

장소보다는 콘텐츠 내용이 조회수를 결정한다.

편집도 자유로워졌다. 모바일 어플을 활용하니 카메라의 영상을 컴퓨터로 전송하는 시간을 아낄 수 있는 건 물론이고, 언제 어디서든 편집이 가능해졌다. 길에서도 편집하고, 유치원 앞에서 아이를 기다리는 차 안에서도 틈틈이 편집할 수 있었다. 지하철이나 버스를 타고 외출하는 날은 그야말로 편집하는 날이었다. 이렇게 '틈틈이 크리에이터'가 탄생한 것이다. 편집어플은 그간 사용해왔던 컴퓨터용 편집프로그램에 비해 반응 속도가 빠르고, 사용도 편리했다. 기능 업데이트도 자주 이루어져서 편집도 점점 나아지는 느낌이었고, 컴퓨터에서는 어려운 기능을 모바일 어플로는 아주 손쉽게 구현해낼 수 있었다.

갑자기 영상의 퀄리티가 확 늘어난 느낌이 들었다. 영상 업로드까지 걸리는 시간이 이전과 비교할 수 없을 정도로 빨라졌다. 이렇게 핸드폰에서 편집을 완성하면 바로 유튜브에 업로드할 수 있다. 단점이라면 자막을 쓸 때 글씨 크기가 너무 작아서 눈이 피로하고, 컴퓨터 키보드보다 불편하다는 점이다. 하지만 다른 장점이 워낙 많기에 모바일로 편집을 그만둘 이유가 없다.

핸드폰 촬영과 어플 편집이 가능해지면서 나같이 컴맹에다 기계치인 사람들도 유튜브로 들어올 수 있는 문이 활짝 열렸다. 이미 수많은 엄마 블로거와 인스타그래머가 있다. 이들 중에는 영상 편집에 자신이 없다는 이유로 유튜브로 들어오지 못하는 이가 많다. 하지만, 이제 SNS만 사용할 줄 안다면 핸드폰만으로도 유튜브에 도전할 수 있다. 핸드폰의 내장 카메라 성능이 촬영용 카메라 못지않게 좋아졌고, 모바일 편집어플도 컴퓨터용 편집프로그램 못지않지만 사용은 쉽기 때문이다. 다음은 내가 사용하고 있는 동영상 편집어플들을 소개해보겠다.

# 틈틈이 크리에이터를 위한
# 모바일 어플

틈틈이 크리에이터인 내가 현재 사용하고 있는 어플들을 소개한다.

### 동영상 편집어플

VLLO (🤖/🍎, 무료 사용 가능)

'블로'는 내가 주로 쓰고 있는 편집어플이다. 무료 사용이 가능하지만 귀퉁이에 워터마크 로고가 표시된다. 워터마크를 없애고, 더 많은 기능을 원한다면 유료 결제를 하면 된다. 한 번만 내면 평생 사용이 가능하고, 기능 제한에 따라 1,500원에서 9,500원 정도만 내면 돼서 저렴한 편이다. 유튜버가 되겠다고 결심했다면 유료 결제를 추천한다. 직관적인 기능으로 사용하기가 쉽다. 폰트 종류, 스티커와 배경음악 등이 다양하고 영상을 고급스럽게 만들어주는 기능들이 많이 포함되어 있어 추천하고 싶다.

### Luma Fusion (🍎, 유료)

'루마 퓨전'은 컴퓨터용 고급 동영상 편집프로그램 수준의 기능을 제공하는 최고급 동영상 편집어플이다. 37,000원이라는 비싼 가격이 걸리지만, 제공하는 기능을 보면 오히려 싸다는 느낌이다. 촘촘하게 영상 길이를 조절할 수 있고, 섬세한 작업이 가능한 부가 기능을 제공한다. 하지만 제대로 써먹으려면 공부가 필요하다. 나의 경우 컷을 빠르고 섬세하게 조정할 필요가 있을 때만 주로 이용하는 편이다. 내 수준으로는 어려워서 손이 쉽게 가지는 않는다. 하지만 공부를 하고 손에 익으면 영상의 질을 확 높여줄 수 있는 어플이다.

### VIVA Video (🤖/🍎, 무료 사용 가능)

'비바 비디오'는 'Viva Video PRO'라는 유료 버전이 따로 있다. 무료 버전과 헷갈리지 않도록 하자. 이 어플 역시 직관적이고 쉬운 조작이 특징이다. 귀여운 스티커나 자막이 많고, 아기자기한 느낌이라 아이 관련 영상이나 키즈 채널을 하는 분들에게 우선 추천하고 싶다. 사진을 몇 개 넣으면 자동으로 영상으로 만들어주는 기능도 있다. 사용도 쉽고 편리하다. 무료 버전을 먼저 사용해본 후 마음에 들면 유료로 넘어가는 것을 추천한다. 나는 사진 여러 개를 영상으로 만들어 브이로그나 여행 영상의 초반 인트로 화면으로 사용하고 있다. 가끔 모바일로 찍은 영상을 편집하기 위해 불러들였을 때 옆으로 누워있는 경우가 있어 난감할 때가 있는데, 이때에도 이 어플을 활용해서 영상 방향을 돌린다. 화면 비율(세로, 가로, 정사각형 등)에 맞춰 영상을 제작할 때도 유용하다.

### Kine Master ( 🤖/ , 무료 사용 가능)

'키네 마스터'는 '유튜브마스터' 과정에서 가르치고 있는 어플이다. 수많은 어플들을 검토해보며 모두가 사용하기 무난하면서도 기능적으로 뛰어난 어플이라고 판단했다. 유료로 전환할 경우 '4,500원/월, 4만 원/년'을 내야 한다. 비용을 지속적으로 내야 하고 다른 어플에 비해 비싼 편이다. 하지만, 여전히 컴퓨터용 편집프로그램에 비하면 저렴한 편이고, 기능도 뛰어나다.

만약 딱 하나만 추천하라면 이렇게 말해주고 싶다. 아이폰 유저라면 '블로'를, 안드로이드 유저라면 '키네 마스터'를 유료로 사용하는 걸 추천한다.

### 표지(썸네일) 디자인용 어플

영상을 올릴 때 영상만큼이나 표지도 중요하다. 썸네일이라고도 불리는 표지는 영상의 첫인상이자, 사람들의 클릭을 유도하는 결정

VLLO

Kine Master

▲
아이폰 유저는 블로(좌),
안드로이드 유저는 키네마스터(우)를
추천한다

블로 편집 화면 ▶

적인 역할을 한다. 표지엔 주로 영상과 관련된 장면, 사진을 담고 그 위에 제목을 넣는다. 눈에 띄게 하려고 테두리를 두르기도 한다. 컴퓨터로 편집할 때는 표지를 포토샵으로 만들었다. 포토샵은 사용법도 어렵고, 작업 시간도 오래 걸려서 부담스러웠는데, 지금은 좋은 어플들이 많다. 이제는 전문가스러운 작업도 매우 빠르고 손쉽게 할수 있다. 게다가 언제 어디서든 할 수 있다는 게 최고의 장점이다.

### PicsArt (🤖/🍎, 무료 사용 가능)

'픽스 아트'는 무료 버전만으로도 충분하다. 다양한 무료 배경지가 있고, 누끼(대상만 남기고 배경을 지우는 것)를 따기도 쉽다. 추가적으로 사진을 스티커처럼 붙이기도 쉬워서 나는 주로 이 어플로 배경을 정하고, 내 모습을 배치하고, 테두리를 만든다.

### Moldiv (🤖/🍎, 무료 사용 가능)

'몰디브'도 무료 버전으로 사용하고 있다. 제목으로 사용하기 좋은 굵은 글자 폰트 등 비교적 다양한 폰트를 제공해준다. 나는 픽스아트로 배경을 꾸미고, 몰디브 어플로 글자를 적곤 한다. 인스타그램용으로는 정사각형 사진이 필요한데, 이 어플을 사용하면 클릭 한 번으로 기존 16 대 9 비율인 유튜브용 표지를 빠르게 인스타용 사진으로 만들 수 있다. 그 사진을 인스타그램에 올려 홍보할 때 사용하기도 한다.

### Canva (🤖/🍎, 무료 사용 가능)

'칸바'는 수준급의 맞춤 디자인을 제공해준다. 디자인된 수많은 템플릿을 제공하고 있기 때문에 용도에 맞게 선택하여 글자만 수정하면 전문가급 디자인 감각으로 만들 수 있다. 썸네일뿐만 아니라, 채널아트, 로고, 명함, 리플렛까지 다양한 작업을 해낼 수 있다. 홍보자료를 많이 만들어야 하거나 회사를 운영하는 분들에게도 추천하고 싶은 어플이다. 유료 버전을 사용하면 큰 사이즈의 원본 파일을 받을 수 있다.

위 어플들은 모두 간단하고 사용하기 쉽다. 다만 모든 어플이 그렇듯이 익숙해질 시간은 필요하다. 유튜브를 보면 사용법을 알려주는 영상들이 많다. 몇 번 보면서 직접 해보면 금방 익힐 수 있을 것이다. 아래에는 내가 만든 표지 만드는 법 영상 링크다. 이 영상도 참조해보길 바란다.

썸네일 제작방법

[썸네일 표지 만드는 과정]          [유튜브 표지 만드는 법]

# 아이 둘을 키우면서
# 책 두 권 쓴 방법

"어떻게 그 많은 일들을 해내시나요?"

요즘 사람들에게 많이 듣는 이야기다. 아이를 키우고, 유튜브를 하고, 강연을 하면서 책도 내니까 그런 말을 하는 것 같다. 하지만 나는 슈퍼우먼이 아니다. 나보다 훨씬 더 부지런하고 엄청난 일을 해내는 사람들이 많다는 것을 안다. 겸손이 아니라 나는 정말 게으른 사람이다. 잠도 워낙 많고, 특히 아침잠이 많아서 직장에 다닐 때는 늘 아침마다 전력 질주를 해야 했다. 그런데 요즘엔 부쩍 이런 이야기를 많이 듣고 있어서 새삼 놀랍다.

생각해보니, 성과를 내는 나만의 노하우가 있기는 하다. 이 방법은 누구나 어떤 목표든 이룰 수 있게 해주는 아주 좋은 방법이다. 내가 아이 둘을 키우면서 책 두 권을 쓴 이야기를 해보겠다.

유튜브를 하면서 두 권의 출간 제안이 들어왔다. 처음 책을 썼을 때는 백수에다 싱글인 상태였는데도 꼬박 1년이 넘는 시간을 투자했다. 책을 쓰는 일은 늘 투입되는 시간에 비해 글의 양이 보잘것없는 비효율적인 일이다. 적어도 글재주가 없는 내 기준에서는 그렇다. 그럼에도 책이 완성되어 세상에 나오고, 읽어주신 분들에게 도움이 되었다는 리뷰가 보람되어서 계속 도전하게 된다. 그렇지만 유튜브를 시작하고서 들어온 출간 제안은 정말 큰 도전이었다.

유튜브도 짬을 내서 틈틈이 운영하고 있는데 두 권을 써야 하는 상황이다. 하지만 욕심이 났기에 도전을 했고, 나름의 전략을 짰다. 그러고는 결국 약 1년 동안 두 권의 책을 모두 완성시킬 수 있었다. 내가 성과를 낸 노하우는 다음과 같다.

먼저 최종 계약 마감일에 맞춰 월별 진행 목표를 체크한다.

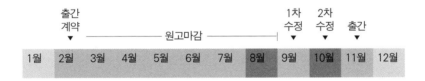

그러고는 최종적으로 내가 써야 할 원고량을 가늠해본다. 이 원고량을 다시 원고마감일 기준으로 일주일에 약 4일간 쓴다고 가정해봤다. 유튜브를 하지 않더라도 매일 쓰는 건 무리였기에 이 기준으로 하루에 얼마나 쓰면 되는지 계산하고 하루에 써야 하는 원고량만 기억한다. 그러고는 일주일에 4일은 눈을 뜨자마자 원고를 쓴다. 말 그대로 세수도 안 하고 밥도 안 먹은 채로 정말 눈뜨자마자, 하루에서 가장 먼저 시작하는 일과로 만드는 것이다. 마감시간은 보통 아이를 학교에 보내는 시간이다. 그 시간 안에 분량을 다 쓰겠다고 다짐한다.

그렇게 하면 마감시간이 다가올수록 몰입되어 글을 쓸 수 있게 된다. 만약 늦잠을 잤다거나, 예상치 못한 일정으로 하지 못한 날은 죄책감이 들 때도 있지만, 내가 엄마로서의 삶에 충실했다면 스스로를 토닥여주는 편이다. 내가 나를 믿고 응원해주는 것이다. 이럴 때를 대비해서 여유 있게 잡아 놓은 하루를 원고에 할애하기로 하고, 그날은 반드시 해내겠다고 다짐하고 일찍 잠자리에 든다.

여기서 중요한 것은 '오늘 해야 하는 단 한 가지 목표만 기억할 것'과 그 목표가 한두 시간 안에 '충분히 할 만해야 한다는 것', 그리고 '그날 가장 먼저 해야 한다는 것'이다. 내가 써야 할 원고의 총량을 보면 엄두가 나지 않고 막막하기만 하다. 하지만 쪼개서 보면 할 만하게 느껴지고, 매일매일 그날의 목표만 채운다는 생각으로 쓰다 보면 결국 한 권의 책이 만들어진다. 절대 몰아서 쓰거나, 하루의 대부분을 투자하지 않는다. 삶의 균형을 먼저 챙겨야 지치지 않고 오래, 끝까지 할 수 있다.


**성과를 내는 소소한 노하우**

**1**  목표를 세분화해서 하루의 목표량을 정한다.

**1-1** 이때의 목표량은 한두 시간 내에 충분히 끝낼 수 있는 정도가 좋다. 자신의 상황과 집중력에 맞춰 정하자.

**2** 이 한 가지 목표만 기억한다. 한 번에 여러 개의 목표를 세우면 집중할 수 없다. 하나를 끝내고 다음으로 넘어가야 한다. 부득이한 상황이라도 두 개를 넘지 않게 한다.

**3** 하루를 시작하면서 가장 먼저 이 목표를 달성하기 위해 행동한다.

**4** '잘하겠다'는 생각을 버려라. 마감시간 안에 우선 '끝마치겠다'는 생각으로 끝낸다.

**5** 그 일을 시작하지 못하거나 시간을 넘겼다면 그날은 아예 신경을 끄고 다음 날 다시 시작한다.

시작할 때부터 욕심을 부려 목표를 세우는 사람들이 있다. 하루를 분 단위로 쪼개가며 일과표를 작성하고 감당하지도 못할 업무를 분배한다. 나도 과거에는 급한 마음에 매번 그런 계획을 세웠지만, 하나 같이 얼마 가지 않아 실패했다. 이제는 내가 어떤 사람인지 알고 있기 때문에 스스로에게는 관대하게 여유 있는 목표를 세우고, 오직 그날 하루하루에 집중하려고 노력한다. 그러고는 끝까지 끈질기게 마무리를 지으려고 노력한다. 유튜브도 마찬가지다. 그저 하루하루 그날만 생각하면서 충실하려고 노력하니 지금까지 해올 수 있었고, 이렇게 성과를 내고 있다.

# 내 행복을 위한
# 유튜브여야 한다

내 삶에서 유튜브가 차지하는 비중은 점점 높아지고 있다. 그래도 내게 가장 중요한 것은 여전히 가족이다. 때때로 편집을 하다가 아이가 부르는 소리를 못 듣거나, 놀아달라고 보채는 아이에게 "잠깐만, 엄마 요거까지만 하고 놀아줄게~"라고 말하는 순간도 있다. 첫째 아이에게 "엄마는 우리보다 유튜브가 더 중요해?"라는 말을 들은 적도 있다. 이럴 땐 정신이 번쩍 든다. 나도 모르게 '틈틈이'가 아니라 '올인'하게 되는 순간이 있다. 이럴 때는 다시금 내 삶의 균형을 잡으려고 노력한다. 정말 중요한 것이 무엇인지 다시 생각하고, 우선순위를 다시 떠올려본다.

엄마유튜버는 해야 할 일이 많다. 엄마이자 아내, 며느리이면서

딸이기도 하다. 스케줄은 언제나 내 예상에서 벗어난다. 갑자기 아이의 스케줄이 생기고 집안 행사가 더해진다. 늘 나의 스케줄은 뒤로 밀리는 느낌이 든다. 유튜브를 처음 시작했을 무렵에는 이런 상황에서 유튜브에 시간을 쓰는 게 사치가 아닌가 싶은 생각이 들기도 했다. 구독자도 적고, 몇 시간을 들여 기껏 편집해서 올렸는데 조회 수도 거의 없던 초기에는 특히 그런 생각이 들 때가 많았다.

그럴 때 내가 선택한 방법은 잠시 유튜브를 놓는 것이었다. 애초에 누가 시킨 것도 아니고, 일주일에 몇 번 올리겠다고 정한 일정도 없지 않은가. 게다가 유튜브는 영상으로 보여주기 때문에 내 기분이나 에너지가 고스란히 표현된다. 그래서 기분이 다운되고 의욕이 사라지면 자연스레 안 찍게 되기도 했다. 그렇게 유튜브는 잠시 치워두고 일상에 집중해보는 것이다. 그렇게 일주일, 이주일이 눈 깜짝할 새에 지나가면 다시 유튜브를 찍고 싶어지는 신기한 경험을 하게 된다. 다시 하고 싶은 이야기와 표현하고 싶다는 욕구가 쌓이는 것이다. 에너지가 다시 충전되고 행복감이 충만해지면 다시 핸드폰을 삼각대에 걸고 카메라를 켠다.

이렇게 반복하면서 내 페이스를 유지하고 삶의 균형을 잡으려고 노력한 덕분에 지금까지 지속할 수 있었던 것 같다. 물론 이렇게 하면 상대적으로 구독자가 늘어나는 속도도 느리고, 나보다 늦게 시작한 유튜버가 앞서 나가는 모습을 볼 때도 많다. 가슴이 쓰리고 괜히 아쉬움이 들기도 하지만, 더 중요한 것은 그래도 나답게, 순간의 행복을 놓치지 않고 유튜브를 한다는 사실이다.

유튜브는 특히 끈기가 중요하다. 일정 콘텐츠와 구독자가 쌓이는 물리적인 시간이 필요하다. 이를 위해서라도 현재의 삶의 균형을 잘 유지하는 게 중요하다. 투자한 시간에 비해 성과가 나지 않고, 삶에 끼치는 영향은 너무 크게 느껴져서 고민된다면 이 방법을 써보길 바란다.

하기 싫을 땐 잠시 멀리 떨어져 있기.
다시 하고 싶을 때 돌아오면 된다는 가벼운 마음 갖기!

### 삶의 균형이 가장 중요하다

엄마로서의 삶은 누가 강요한 게 아닐 것이다. 결국 나의 행복을 위해 내가 선택한 일 아닌가. 유튜브도 마찬가지다. 행복하려고 하는 일이다. 이를 기억한다면 하나의 행복을 위해 더 소중한 행복을 포기하거나 삶의 균형이 깨져서 결국 더 큰 것을 잃는 실수를 하지 않을 것이다. 할 일이 많은 엄마는 균형을 잡는 게 특히 중요하다. 처음에는 시행착오를 겪고 심리적으로도 많은 갈등을 느낄 것이다. 하지만 조금씩 노력하다보면 어느새 삶의 균형을 잘 유지하면서 자신의 꿈도 이룰 수 있게 된다.

행복은 결과가 아닌 과정에 있다. 그렇기 때문에 이 모든 상황에 행복과 감사를 느끼며 유튜브를 하고 있다. 이런 마음이 구독자들에게도 전해지는 것 같다. 내 영상에는 '좋은 기운을 받아가요' '행복한 에너지를 주서서 감사해요'라는 내용의 댓글이 많다. 나는 그 댓글을 보고 다시 좋은 에너지를 받는다. 과정에서 행복을 느끼며 유튜브를 운영하길 진심으로 응원한다. 유튜브는 엄마로서의 삶의 균형과 행복을 계속 상기시켜주는 감사한 도구가 될 수 있음을 꼭 알려주고 싶다.

# 말을 잘하고 싶다면
# 메시지에 집중하라

평소에는 말을 잘하는 사람도 카메라를 켜면 갑자기 표정이 굳고 긴장해서 더듬더듬하는 경우가 많다. 그리고 자신은 말을 잘하지 못해서 유튜브를 시작하기 힘들다는 사람도 많이 보았다. 이들을 주눅 들게 하는 것은 이미 유명한 파워 유튜버들이다. 그들은 하나같이 카메라 앞에서 프로 예능인처럼 자연스럽게 말을 참 잘한다. 부끄럽지만 내 영상에도 말을 잘한다며 노하우를 묻는 댓글이 종종 달리곤 한다.

유튜브에서 말을 잘한다는 것은 어떤 의미일까? 나는 아나운서처럼 또박또박 표준어를 쓰면서 하는 '말 잘함'과는 다르다고 생각한다. 우리가 유튜브를 보며 말을 잘한다고 생각하는 사람들은 대부분 '전하고자 하는 메시지를 잘 전달하는 사람'이다. 그렇기 때문에 말을 잘하고 싶다면, 먼저 내가 이 영상을 통해 '전하고자 하는 메시지는 무엇인가?'를 먼저 생각해야 한다. 메시지가 정확할수록 확신을 갖고 말을 잘할 수 있게 된다.

물론 사람이 아닌 카메라를 앞에 두고 이야기를 하는 게 어색할 수 있다. 비단 이런 어색함은 대부분의 크리에이터가 유튜브를 시작할 때 모두 경험했던 일일 것이다. 지금 말을 너무 잘하는 유튜버라도 처음부터 그런 모습은 아니었을 것이다. 좋아하는 크리에이터의 가장 첫번째 영상을 한번 찾아보라. 그러면 경직된 얼굴과 지금보다 어설픈 편집, 말이 막히는 모습들을 볼 수 있을 것이다.

내 채널에는 '소사장이 만난 사람들'이라는 인터뷰 카테고리가 있다. 이 코너를 통해 몇몇 분들을 인터뷰할 기회가 있었는데, 오랜 기간 유튜브를 운영해본 사람들일수록 자신의 의사를 정확한 발음과 속도로 전달하는 데 뛰어났다. 하지만 이들도 원래부터 이렇게 말을 잘했다고 생각하지 않는다. 유튜브를 통해 꾸준하게 말해보고, 자신의 생각을 정리하면서 결국 말을 잘하게 되었을 것이다.

나도 마찬가지다. 말을 잘한다는 칭찬 댓글을 받고 있지만, 처음 영상을 보면 정말 답답하고 느리게 말하고 있고, 군더더기가 많아 쓸데없이 긴 영상들이 많다. 그렇다 보니 유튜브 초창기 때는 10분 내외의 영상을 찍는 데 한 시간 가까이 걸렸다. 한 이야기를 하다가 다른 주제로 빠지거나 무슨 말을 하고 있는지 모호해지니 영상만 길어지는 것이었다.

말을 잘하기 위해서는 평소 자신의 생각을 잘 정리해두고, 실제로 말해보는 경험을 늘리는 것이 도움이 된다. 글로 직접 적어보는 것도 말을 깔끔하게 정리하는 데 큰 도움이 된다. 횟수를 늘려가고 경험을 쌓아가다 보면 점점 나아진다.

결국 말하기는 경험과 노력을 통해 자연스럽게 발전되는 부분이라고 보면 된다. 극적으로 한 번에 말을 잘하게 되는 방법은 없다. 하지만 유튜버에게는 말하기 스킬보다는 전달하려는 '메시지'와 '전달 방식'이 더 중요하다. 유튜브를 하다보면 결국 이런 고민이 더 크게 다가올 것이다. 나도 늘 이 부분에 대해 고민하고 있다.

이를 위해서 경험으로 내공을 쌓고, 스스로 생각을 정리하는 시간을 가지려고 노력한다. 다른 사람들의 영상을 보면서 전달 방법에 대한 팁을 얻기도 한다. 그러면서 나 자신에게는 관대해지려고 한다. 나는 부족한 사람이지만, 그래도 조금씩 성장하고 있다는 데 위안을 얻는다. 내 부족한 부분을 부끄러워하기보다는 성장의 과정을 함께 나누는 데 집중하는 것이다. 그러면 훨씬 편하고 부담도 덜하다. 이런 마음으로 유튜브를 찍어나가면 채널의 성장과 더불어 나도 성장하면서 행복감이 더해진다. 이런 시간이 쌓이면 자연스레 '저 사람 말 참 잘한다'는 말을 듣게 될 때가 온다.

# 실시간 방송,
# 소통이 핵심이다

유튜브에서는 누구나 생방송을 진행할 수 있다. 이를 스트리밍 streaming이라고 하는데, 실시간 스트리밍, 라이브, 생방송이라고도 부른다. 그리고 라이브를 통해 방송하는 사람을 '스트리머streamer'라고 한다. 생방송으로 매일 게임방송을 하는 대도서관은 유튜버이자, 스트리머다.

라이브 방송은 컴퓨터에 웹캠을 연결한 후, 송출 프로그램을 컴퓨터에 다운로드하면 채널이 있는 누구나 진행할 수 있고, 구독자 1,000명이 넘으면 모바일로 더욱 편리하게 실시간 스트리밍을 할 수 있다. 모바일로 하고 싶은데, 구독자가 1,000명이 안 되는 사람도 방법이 있다. '프리즘라이브Prism Live' 어플을 사용하면 구독자수에 따른 조건 없이 핸드폰으로 라이브 방송을 진행할 수 있고, 유튜브뿐만 아니라 '트위치' '아프리카TV' 같은 다른 플랫폼에도 동시에 송출할 수 있다. 구독자수와 상관없이 누구나 컴퓨터와 모바일로 라이브가 가능하다는 것이다.

예전에 텔레비전에서만 보던 생방송을 개인이 이렇게 간단하게 할 수 있게 되었다는 것이 정말 놀랍다. 첫 라이브 방송을 할 때가 기억난다. 웹캠과 마이크를 장만했는데 컴맹인 나는 OBS프로그램을 설치하고 익히려다 좌절을 맛보았다. OBS프로그램은 다양한 화면 구성을 가능하게 해준다. 라이브 도중 필요 내용(사진, 자료, 자막, 웹서핑)을 같이 보여줄 수 있는 효과적인 방송 송출 프로그램이다. 나는 이 프로그램을 아직도 잘 사용하지 못해서 주로 핸드폰으로 라이브를 하곤 한다.

### 구독자의 참여로 만드는 라이브

첫 라이브 방송 역시 핸드폰으로 시작했다. 과연 사람들이 나를 보러 지금 이 시간에 맞춰 들어올까 궁금했다. 두근두근하면서 라이브 방송을 켰는데, 곧 한 명, 두 명 들어와서 내게 인사를 건네는 게 아닌가! 평소 내 영상에 댓글을 열심히 자주 달아주는, 닉네임이 익숙한 구독자를 라이브 방송에서 만났을 때는 엄청 오래된 친구를 만난 것처럼 너무 반가웠다.

라이브는 가상의 공간임에도 실제 사람들과 대화를 나누고 만나는 느낌을 받는다. 참여한 사람들 역시 자신의 이야기를 솔직하게 들려주고, 때론 고민을 이야기하며, 쉽게 꺼내기 어려운 속마음도 털어놓는다. 생방송을 통해 구독자와 소통하며 더 친근한 관계를 만들어간다. 영상에서는 하지 못했던 이야기를 자연스럽게 나누고, 다음 영상의 아이디어도 얻는다. 연말에는 새해 계획을 짜는 라이브를 진행하고 있는데, 실시간으로 질문을 받고 바로 답을 드릴 수 있어 라이브 방송이 유용하다.

어려운 점도 있다. 내 경우에는 한 가지 주제로 이끌어나가는 것이다. 많은 사람들이 모이다보니, 다양한 주제에 대한 질문이나 이야기가 시작되고, 이 이야기를 하다 다른 이야기로 넘어가서 한 주제에만 집중하기 힘든 경우가 많다. 이것은 평소 재테크, 자기계발부터 육아까지 다양한 주제로 콘텐츠를 올리는 내 채널의 특징 때문이기도 하다.

주제가 분산되면 구독자가 기대했던 내용이 아니어서 나가버릴 수 있다. 이렇게 되면 라이브 시청시간에 영향을 미치기 때문에 주제를 하나 정해 라이브를 하는 것이 좋다. 예를 들어 '목표 세우기'라는 주제로 미리 시간을 예고하고, 제목, 썸네일을 준비해서 그 주제로 라이브를 시작하는 것이다. 물론 이렇게 해도 주제에 벗어난 질문을 하는 사람이 나오기도 하지만, 중간중간 주제를 환기하고 강조하면 보다 일관된 주제로 라이브를 운영할 수 있다. 이 부분도 역시 계속하면 노하우가 생긴다. 쉽게 진행하고 있는 것처럼 보이는 유명 스트리머들도 알고 보면 다들 훌륭한 노하우를 갖고 있다.

이렇게 한 가지 주제를 다루는 라이브도 있지만, 주제 없이 편안하게 진행하는 경우도 많다. 이땐 정말 편안하게 수다를 떤다는 느낌으로 좀 더 편하게 구독자들과 더 알아가고 친해지고자 하는 마음으로 라이브를 켠다. 내게는 힐링타임이기도 하다.

스트리밍을 마치면 동영상은 유튜브가 자동으로 저장하고, 이 라이브영상을 공개할지 여부를 선택할 수 있다. 추가로 라이브 영상을 편집하길 원한다면 자동 저장된 파일을 다운로드해서 편집할 수 있다. 그래서 긴 라이브를 찍은 후, 짧게 편집해서 영상클립을 제작하는 스트리머들도 많다. 이렇게 라이브 방송을 잘 이용하면 영상 기획과 준비 시간 없이 훨씬 빠르게 사람들이 원하는 콘텐츠를 자연스럽게 만들 수도 있다. 따로 시간을 내어 영상을 찍지 않아도 되고, 주제를 고민하는 시간도 줄일 수 있다. 구독자와의 소통을 통해 자연스럽게 그들이 원하는 내용을 담을 수 있는 것도 큰 장점이다.

### 라이브를 위한 사전 준비

주의할 점도 있다. 생방송은 '편집'이라는 필터 없이 모든 것이 가감 없이 나가기 때문에 실수를 하면 방송에 참여한 모든 사람들이 보게 된다. 충분히 이해할 만한 실수라면 괜찮겠지만, 말실수나 욕설, 오해의 여지가 있는 표현 등 문제가 될 만한 일이 벌어진다면 큰 타격을 입을 수 있다. 평소 자신의 입버릇이나 자신이 가진 가치관,

행동을 잘 생각해보고 라이브가 맞는지에 대한 고민이 필요하다.

원치 않는 모습이 노출될 수도 있고 예측이 불가능한 상황이 그대로 방송될 수 있다. 한번은 가족이 없는 틈에 라이브를 켰는데, 생각보다 일찍 남편과 아이들이 집에 돌아오는 바람에 라이브 도중 아이들이 카메라로 뛰어들어 노출된 경우가 있었다. 갑자기 라이브를 중단할 수도 없어서 아이들이 인사를 하게 되었고, 불안한 상황에서 라이브를 급하게 종료했던 경험이 있다. 그래서 그다음부터는 아이들이 확실히 없는 장소와 시간에 라이브를 켜거나, 남편이 아이를 보는 상황이면 방문을 걸어 잠그고 진행하게 되었다. 모바일 화면이 뒤집혀서 정리되지 않은 컴퓨터 책상 모습이 고스란히 방송에 나간 적도 있다. 라이브를 할 때는 주변을 잘 정리해놓고, 방해될 만한 요소를 없애고 진행하기 바란다.

라이브는 영상을 몇십 개 정도는 올리고 해보는 걸 추천한다. 나의 생각이나 캐릭터가 어느 정도 만들어지고, 이를 이해하고 공감하는 구독자들이 찾아와야 재미있다.

라이브를 켰는데 아무도 안 들어왔다고 해서 크리에이터가 입을 다물고 있으면 안 된다. 라이브를 시작하면 방송이 시작되었다는 생각으로 인사를 하고 방송을 진행해야 한다. 지금 당장 보는 사람이 없어도, 유튜브에 영상을 업로드했을 때 볼 사람들을 생각해야 한다. 나도 아무도 없는 상황에서 있는 척 이야기하는 능청 스킬이 점점 늘고 있다.

라이브가 잘 맞는 사람이 있다. 말하고 소통하는 것을 좋아하고, 자연스럽게 자기 모습을 내보이는 데 익숙한 사람도 있다. 상황에 맞게 임기응변을 잘하고 유머러스하거나 매력이 있는 사람도 라이브가 잘 맞을 수 있다. 유튜브를 하면서 라이브도 꼭 도전해보기 바란다. 라이브에서 자기 재능을 찾을 수도 있다.

# 얼굴 공개가
# 두려워요

유튜브를 시작할 때 망설이는 이유는 여러 가지가 있겠지만, 특히 여성들의 고민 중 하나는 '얼굴 공개'가 두렵다는 것이다. 나 역시 이런 걱정과 두려움을 충분히 이해한다.

첫 책 원고를 쓰고 있을 무렵 해당 출판사로부터 블로그를 해보라는 권유를 받았다. 블로그를 하면 독자와 소통하기에도 좋고, 도서 마케팅에도 유리하다는 이유였다. 나의 첫 블로그는 그렇게 시작되었다. 불특정 다수가 모두 볼 수 있는 공간에 나를 공개한다는 것은 매우 조심스러울 수밖에 없었다. 그래서 처음엔 오직 글만 썼다. 나를 알고 있지만, 내가 어떻게 지내는지 알리고 싶지 않은 사람들이 있지 않은가. 모두에게 나를 공개하는 것이 싫었다. 이상한 남자들이 치근

덕거리는 것은 아닐까 하는 걱정도 있었다. 누가 볼지 모르니 범죄대상으로 노출될지도 모른다는 두려움까지. 이런 이유로 얼굴을 공개하지 않고 다른 이미지도 없이 글만 올렸다.

그러다 블로그에 하나둘 사진을 올리기 시작했다. 결국 이런저런 걱정들보다 블로그가 잘되었으면 하는 바람이 더 커지기 시작한 것이다. 글로만 블로그를 운영하는 데는 분명 한계가 있었다. 때론 글과 어울리는 모습이나 표정 같은 연출이 필요한 상황이 있다. 블로그의 분위기도 오직 글만 있으니 매우 심심해보였고, 글을 쓰는 나조차 지루해졌다.

그래서 사진을 올려보기로 했다. 이마저도 처음엔 신체 일부만 올렸다. 손이나 발 같은 것 말이다. 초등학교에 다니는 조카는 이걸 '손공<sub>손 공개</sub>' '발공<sub>발 공개</sub>'이라고 하더라. 그러다가 나중에는 점점 용기를 내서 뒷모습을 올렸다. 나를 아는 사람이라면 분명히 알아볼 수 있을 만한 사진이었다. 이걸 올리는 데도 참 두근두근했던 기억이 난다. 완료 버튼을 누르고 떨리는 기분으로 사진을 올리고 반응을 살펴보았는데, 세상에! 아무 일도 일어나지 않았다! 블로그 방문자가 크게 늘지도 않았고, 내 사진에 대한 댓글조차 없었다. 그들의 반응은 예전 그대로였다.

'내가 지금까지 혼자서 무슨 고민을 한 거지?'

'사람들은 나한테 생각보다 관심이 없구나. 내가 다른 사람한테 별 관심이 없는 것처럼 말이야.'

이런 생각이 이제 확신으로 바뀌었다. 그래서 얼굴 사진을 올리기 시작했다. 역시 댓글에 반응도 없고, 우려했었던 이상한 사람들의 접근도 없었다. 세상은 여전히 무관심했다. 이쯤 되니 오히려 무관심이 서운하기까지 했다.

세상이 나한테 생각보다 관심이 없다는 건 책을 통해서도 경험했다. 내 첫 책은 운 좋게 출간하자마자 베스트셀러가 되었다. 그러자 곧 유명해질 것 같은 기분이 들었다. 게다가 언론에 노출되고 인터뷰를 하고, 텔레비전에도 나오니 사람들이 나를 알아볼 것 같았다. 지금 돌아보면 참으로 부끄러운 이야기다. 유명세를 걱정하기도 전에 책 판매가 줄면서 나에 대한 관심도 사라졌다.

내가 다니던 회사는 방송국 안에 있는 영업점이었다. 그곳에서 정말 낯이 익은, 그렇지만 이름은 도통 떠오르지 않는 연예인들을 많이 보았다. 나는 이름도 모르고 작품도 기억나지 않지만 꾸준히 방송 활동을 한 무명 연예인들이었다. 여전히 열심히 활동하고 인지도를 높이기 위해 무던히 애쓰는 이들을 보며 사람들에게 알려지는 게 정말 쉽지 않은 일이라는 걸 실감할 수 있었다.

# 얼굴을 걸고
# 신뢰를 얻는다

유튜브는 이런 경험을 한 후에 시작해서 얼굴을 공개하는 데 불편함이 없었다. 멋지고 예쁘게 보이려고 노력하지도 않았다. 유튜브 초창기 때는 세수도 하지 않고 잠옷을 입고 생얼로 찍었다. 옷에 아기가 분유를 흘린 자국이 그대로 보일 때도 있었다. 요즘엔 보는 사람이 많아지고 광고 협찬이나 제휴도 있어서 적어도 깔끔한 모습으로 찍으려고 하지만 여전히 중점을 두는 것은 예쁜 모습이 아닌 '자연스러운 나의 모습'이다.

유튜브를 할 때 얼굴 공개를 두려워하는 사람에게 내가 하는 조언은 이렇다.

'억지로 얼굴을 공개하려고 애쓰지 말고, 얼굴 없이 영상을 만드

는 방법을 고민해보세요.'

화면에 그림이나 사진이 나오고, 목소리 더빙을 한다거나, 아예 손만 출연하는 영상을 만들 수도 있다. 가면을 써도 된다. 목소리 노출도 원하지 않는다면 기계음이나 성우를 써서 제작하면 된다. 중요한 것은 일단 유튜브를 시작하는 것이다. 얼굴을 공개하지 않고도 많은 구독자와 조회수를 자랑하는 크리에이터가 많다.

얼굴을 공개하고 싶지 않으면 얼굴을 보이지 않고 방송하면 된다. 그러다가 얼굴을 공개하고 싶어지면, 너무 걱정하지 말고 공개해보라고 말해주고 싶다. 얼굴이 공개된 영상을 업로드할 때는 두근두근하겠지만, 막상 올리고 나면 세상의 반응이 너무 없다는 사실에 오히려 놀라게 될지도 모른다. 다행스럽기도 하고, 서운할지도 모르겠다. 중요한 것은 과정이다. 영상에는 크리에이터의 느낌과 감정이 전해진다. 보는 사람이 어색하고 불편하면 채널의 성장에는 도움이 되지 않는다.

얼굴을 공개하면 따라오는 단점이 있긴 하다. 인신공격성 악플 때문에 상처를 받을 수도 있다. 얼굴을 드러내면 방송을 할 때 더 이상 자유롭지 않다는 느낌이 들 수도 있다. 하지만 얼굴을 숨기는 콘셉트로 방송을 시작한 게 아니라면 얼굴을 공개하는 게 훨씬 이익이 많다고 단언할 수 있다.

얼굴을 드러내고 말하면 똑같은 내용이라도 사람들이 훨씬 더 신뢰하게 된다. '내 이름 석 자를 건다'는 말이 있다. 유튜브에서 얼굴은 이름 이상의 의미를 가진다. 불특정 다수에게 내 얼굴을 걸고 거짓말을 하기는 쉽지 않다. 시청자도 이를 인정해준다고 생각한다. 신뢰는 곧 구독자의 충성도로 이어진다.

　얼굴을 공개하면 크리에이터가 가진 다양한 매력을 선보일 기회도 늘어난다. 우리가 갖고 있는 특유의 느낌과 매력을 가장 빠르고 즉각적으로 전달할 수 있는 매체가 영상이다. 매력은 출중한 외모에서만 나오는 게 아니다. 때로는 순박하고 촌스러운 게 매력이 될 수도 있고, 솔직함·화끈함·독특한 성격·특이한 가치관 등도 매력이 될 수 있다. 사람들은 각기 다른 부분에서 매력을 느끼기 때문에 누구든지 자신을 표현하며 나를 알릴 수 있고 매력을 선보일 수 있다. 얼굴을 가리고도 이런 매력을 잘 알릴 수 있다면 모를까, 그렇지 않다면 당당하게 내가 가진 매력을 드러내는 게 낫다. 그렇게 하면 내게 공감해주고 응원해주는 구독자를 만날 수 있을 것이다.

# 영상에 맞는
# 단장이 필요하다

　나는 매우 즉흥적이고 게으른 사람이다. 그래서 '틈틈이 크리에이터'가 되어야만 했다. 내가 올리는 영상의 대부분은 즉흥적으로 찍은 것들이다. 갑자기 어떤 주제가 딱 떠오르면 부랴부랴 찍어야겠다는 생각을 하고, 바로 카메라를 켜서 생각난 것을 기록하는 식이다. 그래서 준비 과정이 거의 없다. 다만, 예전엔 정말 세수도 안 하고 영상을 찍기도 했지만, 지금은 그렇게까지 하지는 않는다. 그럴 만한 계기가 있었다.

　오래전 생얼에 잠옷바람으로 경매 관련 이야기를 찍은 적이 있었다. 그런데 어느 날, 그 영상이 무려 네이버 메인에 떠버렸다. 잠을 자려던 찰나에 갑자기 주제가 생각나서 바로 찍은 영상이었다. 그렇게 찍은 영상이 네이버 메인에 하루 종일 떠 있었고, 이를 보고 2년 만에 연락한 친구는, 오랜만에 나를 봐서 반가웠는데, 내 모습이 너무나 내추럴해서(사실은 초췌해서) 깜짝 놀랐다는 소감을 전해왔다. 사실 그때까지만 해도 생얼이 나간 걸 그렇게 심각하게 생각하지는 않았다. 하지만 댓글을 보면서 앞으로는 꼭 화장을 해야겠다고 생각하게 되었다.

네이버 메인에 올라간 영상은 경매 관련 이야기였는데, 흔한 경험담은 아니었다. 내용도 꽤 유익하고 좋은 내용이었다고 자부한다. 그런데 이를 전하는 나의 겉모습 때문에 영상에 담겨 있는 전문성이 묻혀버리고 있다는 사실을 댓글을 보고 확인하게 되었다.

내 채널을 보는 유튜브 구독자들은 나에 대해 어느 정도 이해해 주고 있지만, 네이버 같은 불특정 다수에게 노출되는 플랫폼에서는 내 자연스러운 모습이 오히려 신뢰도를 떨어뜨리는 역할을 했다. 그때 전문적이고, 신뢰도가 필요한 이야기를 할 때는 나도 나름대로 진지하게 모양새를 갖추고 이야기할 필요가 있다는 사실을 깨달았다. 지극히 당연한 이야기지만, 육아를 하며 집에만 있는 시간이 길어지다보니 잊고 있던 사실이었다.

하지만 그렇다고 바로 사람이 쉽게 바뀌겠는가? 그 후 몇 번은 정성스레 화장을 하고 머리를 매만지고 카메라를 켰지만, 준비 시간이 길어지니, 촬영을 마치기도 전에 낮잠을 자고 있던 아이가 깨거나 영상을 찍는 시간이 부족해지는 일이 반복되었다. 그래서 이 부분 역시 점점 간단하고, 초스피드로 준비하는 노하우를 또다시 찾게 되었다.

# 엄마유튜버의
# 메이크업 노하우

유튜브를 하면서 나름 메이크업 노하우를 가지게 되었다. 급할 때는 5초면 촬영 준비를 끝마칠 수도 있다. 놀랍게도 이 정도만으로도 '오늘 모습 괜찮아보인다'는 댓글이 달린다. 그 노하우를 공유해 보겠다.

### 환한 얼굴 톤과 조명의 조합

얼굴은 잡티를 '가린다'는 느낌보다 전체적으로 얼굴 톤을 '환하게' 만든다는 느낌으로 파운데이션을 얇게 펴 바르거나 쿠션팩트로 톡톡 두드린다. 그러고는 조명을 켠다. 조명은 화장을 적게 해도 피부를 환하고 예쁘게 보정해주는 마법의 도구다. 나는 손바닥만한

LED 조명을 사용하고 있다.

인터뷰이를 예쁘고 멋지게 찍어주는 것으로 유명한 '신사임당' 님은 천정과 전면에 커다란 LED 조명을 켜고 핸드폰으로 촬영한다. 전직 PD 출신이었던 그는 카메라보다는 '조명'이 더 중요하다고 조언한다. 조명 하나만 갖추면 화장 시간을 훨씬 줄일 수 있다. 잡티는 거의 보이지 않는다.

### 눈썹은 또렷하고 평소보다 진하게!

눈썹은 얼굴의 기준이 되는 매우 중요한 부분이다. 내가 생얼로 찍은 영상들을 보면 다른 곳은 티가 잘 안 나는데, 유독 눈썹을 보면 사이사이 빈 곳이 보여서 화장을 하지 않은 티가 난다. 눈썹을 그릴 때는 '평소보다 좀 진하게'라는 생각으로 그려야 한다. 조명을 켜면 눈썹 색이 흐려 보이기 때문이다. 예전 방송국 안에서 근무했을 때 〈9시뉴스〉 앵커들을 봤는데, 유독 눈썹이 짱구처럼 두껍고 진하게 그려져 있었다. 실제로 보면 매우 어색했지만 화면에서는 딱 적당하게 나온다는 것을 그때 알게 되었고, 유튜브를 찍으며 다시 실감하고 있다.

### 볼 터치는 사랑스럽게, 조금은 진하게!

평소 볼 터치는 혈색이 도는 정도로만 연하게 하는 편이다. 하지만 이렇게 하고 영상을 찍어보면 역시 색이 흐려져서 하나도 티가 안 난다. 영상을 찍는데 오늘은 화장을 좀 했다는 티를 내고 싶을 때는 볼 터치를 조금 진하게 칠한다. 인형처럼 볼 터치를 진하게 칠하면 그제서야 조명이 있는 화면에는 살짝 혈색이 도는 느낌이 된다. 가수나 연예인들이 조명이 강한 무대에 올라가기 전 사진을 찾아보면 무슨 말인지 더 쉽게 이해할 수 있을 것이다. 실제로 보면 이상하게 보일 수 있지만 화면에서는 훨씬 생기 있고 건강한 느낌을 준다.

### 립메이크업이 가장 중요하다!

사실 볼 터치는커녕 피부 화장이나 눈썹도 그리지 못한 채 영상을 찍는 경우가 여전히 있다. 잠을 자야 할 시간인데 아이디어가 떠올라 촬영을 하고 싶은데, 곧바로 지워야 할 화장을 하는 게 영 내키지 않을 때다. 그럴 때는 립스틱 하나만 선택한다. 립스틱만으로도 아파보이고 혈색이 없어 보이는 얼굴이 살아나는 느낌이 든다. 생얼에 가까울수록 더 빨간색을 선택한다. 사람들의 시선이 빨간 입술에 고정되니까 생얼이라고 생각하는 사람들이 없다. 립 하나면 5초 만에 화장한 것처럼 보일 수 있다.

### 엄마들은 액세서리를 알아본다

평소 화장은 연하게 하고, 액세서리는 거의 하지 않는 편이다. 아이를 낳고 키우다 보니, 아이 얼굴이 긁힐까봐 반지도 뺀 지 오래다. 그런데 유튜브를 찍으면서 만날 똑같은 옷으로 찍자니 안 되겠다 싶어서 상의 위주로 옷을 몇 벌 구매했다. 전업주부로 살 때는 옷이 필요하지 않다가 직장을 다니기 시작하면서 옷을 사는 느낌이었다. 하지만 옷을 사는 것도 한계가 있었다. 이럴 때 유용한 것이 스카프와 귀걸이다. 적은 돈으로 큰 효과를 볼 수 있는 소품이다.

집 앞 시장에 갈 때 입는 후줄근한 티셔츠 위에 실크 스카프를 매고 찍은 영상에 '오늘 옷 너무 예뻐요. 우아하게 옷 입는 법에 대한 영상도 만들어주세요!'라는 댓글이 달린다. 특이한 귀걸이를 하고 찍은 영상엔 꼭 '오늘 귀걸이 너무 예쁘네요!' 하는 댓글이 달린다. 여성들은 그런 것들을 바로 알아본다. 귀걸이는 또 다른 장점이 있다. 내 경우 귀걸이는 중요한 일정이 있거나 결혼식 같이 나름 차려 입어야 하는 일이 있을 때만 하는 아이템이다. 그렇다 보니 귀걸이를 하면 뭔가 꽤 신경 쓴 느낌을 준다. 보는 사람도 크리에이터가 나름 차려입고 신경을 썼다고 생각하게 된다.

화장보다 귀걸이가 훨씬 간단하지 않은가. 1분 만에 차려입은 느낌을 주는 아이템인 것이다. 그 후 저렴하지만 영상에서는 눈에 잘 띌 만한 귀걸이를 여러 개 사놓고 쓰고 있다. 스카프도 마찬가지다. 목이 늘어난 티셔츠라도 스카프를 두르면 갑자기 패션 리더가 된 느낌이다. 두 아이템의 효과는 늘 좋다. 엄마들에게 꼭 추천하고 싶은 가성비 아이템이다.

뷰티 유튜버처럼 클로즈업이 필요하거나 브이로그처럼 전신이 다 보이는 채널을 운영한다면 내 노하우는 별 도움이 안 된다. 하지만 상반신 정도만 노출하는 채널이라면 유용하다고 자신할 수 있다.

## 엄마의 자연스러움이 포인트다

나는 엄마유튜버로서 화려한 화장과 옷차림보다는 자연스러움이 더 중요하다고 생각한다. 인스타그램이나 유튜브에서 아이 엄마라고 하는 크리에이터나 인플루언서가 일상의 모습이라면서 화려한 옷차림과 완벽한 화장으로 등장할 때, 엄마로서 느껴지는 괴리감을 잘 알고 있어서다. 아이를 키우는 엄마는 저렇게 자신을 꾸미는 게 얼마나 말이 안 되는 일인지 알 것이다. '아니, 아이를 키우면서 언제 화장을 저렇게 한대? 저런 옷을 입고 어떻게 아이를 안아주고 놀아줄 수 있지? 저렇게 치장하려면 시간이 얼마나 많이 걸리는데, 집에 도우미 아주머니라도 부르는 거 아냐?' 그들을 볼 때마다 늘 이런 의문이 들지 않을 수 없다.

물론 육아와 살림을 다하면서 자신도 완벽하게 꾸미는 슈퍼맘들도 있겠지만, 대부분의 엄마들의 일상과는 동떨어져 있는 모습이다. 또 그들을 롤모델로 따라 하려면 얼마나 스트레스를 받겠는가. 자연스러운 모습이 꼭 나쁜 것만도 아니다. 그만큼 공감을 얻을 수 있는 포인트가 되기도 한다. 그러니 촬영 준비를 한다고 너무 오래 공을 들이지 않았으면 한다. 이 팁들을 사용해서 준비 시간을 줄여보길 바란다.

나는 요즘에는 재테크처럼 전문성이 필요한 내용을 할 때는 단장하는 시간을 조금 더 들이고, 라이브 방송이나 일상 이야기, 행복에 관한 이야기를 할 때는 생얼에 가까운 편안한 모습으로 영상을 찍는다. 다만 이제 잠옷을 입고 찍는 일은 없다.

# 예뻐보이려고
# 애쓰지 말자

"광각렌즈로 찍으면 얼굴이 작게 보인다는데, 정말 그런가요?"
"어플로 영상을 찍으면 안 될까요?"
"조명은 무엇을 쓰나요?"

가끔 이런 질문을 받는다. 이 질문들에는 영상을 잘 만들고 예쁘게 찍고 싶은 마음이 담겨 있다. 나 역시 이왕이면 영상에 예쁜 모습을 담고 싶다. 하지만 틈틈이 영상을 찍어야 하는 나의 경우, 영상을 찍을 기회가 왔는데, 외모는 전혀 준비되어 있지 않은 상황을 자주 맞닥뜨리게 된다. 이를테면 아이가 낮잠을 자기 시작했다. 그래서 영상을 찍을 수 있는 절호의 찬스가 생겼는데 나는 세수도 안 했거나 잠옷을 입고 있는 상황들이다. 그럴 땐 잠시 고민한다.

'아이가 영상 찍는 중도에 깰 위험이 있더라도 우선 화장과 머리 드라이를 할 것인가? 그냥 옷만, 그것도 상의만 갈아입고 생얼로 얼른 영상을 하나 안전하게 찍을 것인가?'

결국 이런 상황에서 나는 생얼로 찍는 것을 선택하곤 한다. 여기에 앞서 말한 노하우대로 조명을 켜고 입술만 빨갛게 바르면 어쨌든 중간은 나온다. 그렇게 영상을 찍는다.

이런 선택을 하는 이유는 내가 원체 게으르기 때문이기도 하지만, 사실 사람들은 '예쁜' 영상을 보려는 게 아니라 '콘텐츠'를 보려고 한다는 것을 잘 알고 있어서다. 스스로에게 한번 물어보자. 좋아하는 유튜브 채널을 보는 이유가 무엇인가? 내용이 도움이 되니까, 편안해서, 재미있어서, 개성이 있어서 같은 이유들이 떠오른다. 물론 크리에이터가 예뻐서 보는 채널도 있을 것이다. 뷰티 관련 채널은 화장 후 드라마틱하게 변신하는 장면이 좋아서, 크리에이터가 너무 상큼하고 예뻐서 보기도 한다. 하지만 대부분 채널을 계속 보는 이유는 크리에이터의 성격이나 다른 요소가 마음에 들어서일 가능성이 크다.

그래서 나는 이런 질문이 들어오면 이렇게 답하곤 한다.

"○○님, 제가 예뻐서 소사장소피아 채널을 구독하신 건가요?"

"아니요.^^"

"결국 사람들은 님이 예쁘다는 이유로 채널 구독을 하지는 않을 거예요. 뽀샤시 효과나 왜곡으로 예뻐보이는 것보다는 자연스럽지만 깔끔하고 정돈된 화면을 보여주면 구독자들이 더 편하게 느낄 거 같은데요."

## 내 약점을 무심하게 넘겨라

유튜브는 결국 나를 드러내는 곳이다. 크리에이터가 어디에 집중할지 선택하면 그 부분이 시청자들에게 그대로 전달된다. '예뻐보이려고' 하면, 보는 사람에게는 '예뻐보이려고 한다'는 느낌이 고스란히 전달된다는 말이다. 영상에서 어떤 부분에서 자신 없거나, 내가 콤플렉스라고 생각하는 부분이 드러나면 그 역시 고스란히 전해진다. 그러면 어떻게 찍어야 할까?

내가 중요하다고 생각하는 부분에 집중하고, 사람들이 그냥 넘겼으면 하는 부분, 이를테면 생얼이나 허름한 복장을 나부터 무심하게 넘겨서 찍는 것이다. 내가 생얼로 만든 영상들에도 조회수가 잘 나온 이유는 생얼에는 신경 쓰지 않고 '내용'에 집중했기 때문이다.

이런 모습을 보여준다고 부끄러울 건 없다. 특히 엄마들에게라면 더욱 그렇다. 앞서 이야기했듯이 엄마유튜버의 주 구독층은 엄마가 될 가능성이 높다. 내가 엄마의 일상을 보여준다고 해서 나무랄 사람은 없다. 육아에 살림을 하면서 완벽하게 화장하고 옷을 차려입는 사람들이 얼마나 있을까. 오히려 화려한 화장에 잘 차려입은 엄마가 나와서 살림까지 완벽하게 하는 모습을 보여준다면 괴리감이 생기지 않을까. 나의 편안한 모습이 공감을 얻을 것이라고 생각했고, 실제로 그런 이야기를 댓글이나 만남을 통해 많이 듣는다.

다만 예의는 갖춰야 한다고 생각한다. 이왕이면 카메라에 비치는 배경을 정돈하고, 예쁘지는 않아도 깨끗한 옷 정도는 입어주는 게 좋다. 이렇게 했다면 내용에 더 신경 써보자. 나는 이왕이면 더 좋은 표현을 찾고, 비속어 대신 바른 단어들을 쓰려고 하고, 기분이 좋은 상태에서 밝은 표정으로 카메라 앞에 서려고 노력한다. 우리는 엄마이지 연예인이 아니다. 외모보다는 태도가 더 중요하다. 내 겉모습에 신경 쓰느라, 정작 중요한 것을 놓치고 있지는 않은지 생각해보자.

# 쉬운 이야기부터
# 시작하라

니트 쇼핑몰을 오래 운영했던 디자이너가 찾아왔다. 그는 유튜브를 통해 자신의 브랜드를 만들고, 쇼핑몰의 매출 증가를 원했다. 유튜브를 사업과 연결하고 싶었지만, 어떻게 시작하면 좋을지 고민하고 있었다. 당연히 상업적 냄새가 폴폴 나는 유튜브 채널을 열심히 구독하며 시청하는 이는 별로 없을 것이다. 하지만 비록 상업적이라고 하더라도 확실히 얻는 게 있다면 이야기는 달라진다. 그래서 물었다.

"채널에서 무엇을 줄 수 있나요? 디자이너로서 어떤 노하우가 있나요?"

"저는 니트 방직하는 기술이나, 디자이너가 알아야 할 니트 관련 전문지식들이 있어요. 그런 것을 유튜브에서 말해볼까 해요."

물론 좋은 노하우지만, 이런 정보를 원하는 타깃층은 분명 소수일 것 같았다. 이런 전문지식은 업계 종사자에게나 유용하기 때문이다. 소수를 타깃으로 잡는다면 채널의 성장 속도가 더딜 수밖에 없다. 유튜브 채널을 시작하는 입장에서는 이런 세부적인 내용보다는 더 많은 대중에게 다가갈 수 있는 주제가 필요하다. 그래서 대중적인 정보를 제공해보라고 추천했다.

"유튜브 채널 초기에는 구독자를 더 많이 모을 수 있는 정보로 시작해보면 어떨까요. '니트 디자이너가 알려주는 니트 오래 입는 법'이나 '니트 늘어지지 않게 세탁하는 법', 이런 내용이요."

나의 조언에 그는 매우 실망하는 모습이었다. 나름 오랜 경력을 가진 디자인 전문가인데, 전문성과는 동떨어진 쉬운 콘텐츠를 올리는 것이 부끄럽다고 생각하고 있었다. 게다가 자신이 원하는 채널의 콘셉트와도 동떨어진 느낌이 든다고 했다.

전문성을 가진 사람일수록 자신이 보기에 쉬운 이야기를 콘텐츠로 만드는 걸 망설이는 경우가 있다. 하지만 텔레비전 방송과 유튜브는 그 속성이 전혀 다르다. 텔레비전 방송에서는 전문가의 의견을 묻거나, 전문가들을 패널로 내세워 방송 자체의 수준과 전문성을 높이려고 노력한다. 공영방송에서는 이런 경향이 더욱 두드러진다. 전파는 일종의 공공재이기 때문에 당연한 일이다.

하지만 유튜브는 방송보다 친근하게 다가가고 소통하는 게 중요한 플랫폼이다. 교수를 포함한 많은 '전문가'들이 유독 유튜브에서 고전하는 이유는 그들이 사용하는 단어가 너무 전문적이고 어렵기 때문이다. 사람들이 유튜브를 보는 목적은 공부가 아니라 재미라는 점을 잊어선 안 된다. 자신이 관심 있는 분야, 흥미가 있는 분야에서 전문성을 가진 크리에이터가 내가 쓰는 일상의 언어로 소통을 하는 데서 친근감과 애정을 느끼게 되는 것이다. 이게 크리에이터가 가지는 가장 큰 장점인데 전문성을 중심을 놓으면 유튜브의 이점을 놓치고 구독자와 벽을 쌓게 될 수 있다.

### 독자들에게 나부터 이해시켜라

유튜브는 대중이 원하는 주제를 찾고, 친근한 표현으로 영상을 만들어야 한다. 이런 예로 〈Jullius Chun〉이라는 유튜버가 있다. 그는 증권회사 트레이더 출신으로 자신의 경력을 바탕으로 관련 사업을 시작한 스타트업 대표다. 그래서 그의 채널은 전문용어도 나오고, 일반인들이 이해하기 어려운 내용이 많다. 하지만 그가 구독자를 쌓는 데 가장 도움이 된, 일명 빵 터진 영상은 '시황 분석'이나 '주식 전망'과 같은 콘텐츠가 아닌 [30대에게 알려줄 돈에 대한 10가지 이야기]라는 영상이었다. 2개월 만에 14만이 넘는 조회수를 기록하면서 구독자를 늘리는 데 크게 기여한 영상이다. 전문성보다는 쉽고 친절하게 일반적인 이야기를 풀어낸 게 중요한 것이다. 그 영상을 통해 그를 신뢰하게 된 시청자들은 보다 전문적인 이야기와 그의 사업에도 관심을 갖게 되었다.

엄마가 되기 이전에 나름의 커리어를 인정받고 잘나갔던 사람일수록 현실의 평범한 엄마보다는 과거의 화려한 시절을 유튜브에서 재생하고 싶은 욕심을 갖게 되는 것 같다. 너무 쉬운 이야기를 하면 마치 자신의 수준이 낮아지는 것처럼 우려하기도 한다. 하지만 커리어는 '모습'에서 나온다고 생각하지 않는다. 어려운 말을 쓴다고 자신의 수준이 높아지는 것도 아니다. 자신이 한 분야의 커리어, 전문성이 있는 사람일수록 쉬운 이야기부터 시작해야 한다. 내가 전하고 싶은 이야기와 사람들이 듣고 싶은 이야기 사이에 조율이 필요하다.

엄마들이 가진 장점 중에 가장 큰 능력이 '소통'과 '친근한 단어 사용'이다. 이를 십분 활용하여 쉽고 친근하게 이야기를 시작해보자. 영상 내용이 쉽고, 주제가 평범하다고 해서 전문성이 사라지는 것이 아니다. 오히려 전문가가 내용을 쉽게 전달해주면 더 신뢰가 간다. 내 채널의 구독자에게 내 전문성 이전에 나부터 이해시켜야 한다. 그러면 내가 가진 전문성도 자연스럽게 인정받게 될 것이다.

# 완성도를 높이기 위한
# 소소한 팁

　클릭을 유도하고 구독자를 얻기 위해서는 완성도 높은 영상이 중요하다. 여기에서 완성도를 높인다는 것은 편집 기술이 좋고, 감각이 뛰어난 것만을 의미하진 않는다. 조금만 관심을 기울이면 누구나 해낼 수 있는 부분이 있다. 유튜브에는 내용은 좋은데, 완성도가 떨어져서 조회수가 안 나오는 안타까운 영상이 많다. 그런 영상을 볼 때마다 '내용도 중요하지만, 포장이 훨씬 중요하다'는 사실을 깨닫게 된다. 다음은 내가 완성도를 높이기 위해 하고 있는 작은 노력들이다.

**실질적인 방법을 제시하라 [How to]**

'How to'는 늘 사랑받는 주제다. 보통 '~하는 법'이라는 식으로 제목을 정하고 노출하면 이걸 본 사람들은 내가 즉각적인 도움을 받을 수 있겠다는 기대를 하게 된다. 그래서 유용하다는 느낌이 들고 클릭을 유도하기 쉽다. 내용이 독창적이거나 신선하거나 유용하다면 더 많은 사람들에게 추천될 가능성이 높아진다.

내 영상 중에도 [후회하지 않는 삶을 사는 법] [화장품 도매가로 사는 법] [결혼할 사람인지 확인하는 방법] 등 수많은 '~하는 법How to' 콘텐츠가 있다. 이런 영상들은 늘 반응이 좋은 편이다. 초보 유튜버가 바로 따라할 수 있는 방법이기도 하다. 소소한 내용이고 특별한 노하우가 없어도 주저하지 말길 바란다. [수박 자르는 방법]이라는 제목의 영상은 매년 여름만 되면 메인에 추천되는 초대박 영상이다. 자신의 별 것 아닌 소소한 노하우가 누군가에게는 도움이 될 수 있으니 자신감을 갖고 자신만의 꿀팁을 정리해보기 바란다.


**숫자로 정리하라 [~하는 O가지]**

내 채널에서 처음으로 터진 [재테크를 할 때 기억해야 하는 5가지]는 인스타그램에서 어떤 재무설계사의 현실과 동떨어진 이야기를 보고 화가 나서 찍은 영상이었다. 처음에는 찍을 내용도 두 가지 뿐이었다. 그 재무설계사의 주장 중 오류를 바로잡아 피해를 보는 사람을 줄였으면 하는 마음에 영상을 찍기로 결심했지만, 무작정 잘

'How to'를 다루는 콘텐츠는
언제나 사랑받는다.

못된 점만 지적할 수는 없었다. 좀 더 유용한 내용을 함께 포함하는
것이 더 좋을 것 같았다.

내가 만드는 내용이 특히 재테크를 막 시작하는 사람들이 꼭 알
았으면 하는 내용이니까 그들에게 필요한 내용 몇 가지를 더 추가해
서 [재테크를 할 때 기억해야 하는 5가지]로 내용을 정리해보았다.
제목부터 "~5가지"로 적으니 뭔가 완결편 같은 느낌이었다. 그리고
내용도 미리 다섯 가지로 정리해서 말을 시작하니, 이전 영상들보다
훨씬 체계적으로 정리해서 전달할 수 있었다.

이 영상이 좋은 반응을 얻으면서 다른 영상을 제작할 때도 계속 활용하고 있다. 그 후 [좋은 배우자를 만나는 방법 3가지] [결혼할 사람인지 확인하는 3가지 방법] [내가 재테크를 하는 3가지 이유] 등을 만들었고 이 영상들은 모두 높은 조회수를 기록했다.

숫자로 정리하면 유용하고 체계적으로 보인다.

영상은 주제가 있어야 한다. 그 주제에 대한 여러 예시나 경험담, 또는 정보들이 자연스레 나오게 되는데, 이를 줄줄이 그냥 풀어내기 보다는 '몇 가지'로 정리해보고, 추려보도록 하자. 만약 개수가 부족하다 싶으면 추가할 만한 내용을 고민해보는 것이다. 그렇게 '~3가지, ~5가지'로 뽑아 정리하고 제목에도 적는다면 이 자체로 벌써 상당히 완성도가 높아진 느낌이 든다. 이렇게 핵심을 정리하고 촬영을 시작하면 이야기가 삼천포로 빠지는 것도 방지하고, 보는 사람도 정리가 되어 편하다.

### 호기심을 건드려라 [~하나요?] [~하고 싶어요]

유튜브의 '인기' 카테고리 영상들을 훑어보면 유독 '질문의 형식으로 호기심을 유발하는' 제목이 달린 영상들이 많다. 나 역시 사람들이 궁금할 만한 내용, 호기심을 가질 만한 내용과 제목을 늘 고민하고 있다. [경매가 나쁘다고?], [얼굴 공개가 두려워요] [집, 살까? 말까?] [당신의 인생책은?] [할 만큼 했는데 왜 안 될까?] [경매를 전업으로 하고 싶어요] 등과 같은 영상들은 사람들이 한번쯤 고민해 봤을 법한 질문을 제목으로 뽑은 것들이다.

이런 주제를 뽑으려면 사람들과의 관계가 중요하다. 구체적으로는 그들의 질문과 고민을 관찰해야 한다. 내 호기심도 중요하지만 다른 사람들의 고민을 발견하는 과정에서 나오는 콘텐츠인 것이다. 이렇게 영상을 만들어보면 '이게 잘될까?' 하는 생각을 가지기 쉽다. 그런데 올리고 보면 예상보다 조회수가 많이 나오는 경우가 많다. 나와 다른 사람들의 고민이 곧 콘텐츠가 된다. 그러므로 최선을 다해 이해하고 공감해보고, 도움이 될 만한 답을 찾아보는 노력을 해보자. 내게는 쉽게 보이는 해결책이나 조언이 누군가에게는 큰 도움이 될 수도 있다. 우리 엄마들은 이미 남들의 고민이나 이야기를 잘 들어주는 사람들이다. 여기서 조금만 더 나가보면 된다.

다른 사람들의 고민에서 콘텐츠가 나온다.

결국 콘텐츠는 '어떻게 주제를 선정하고 정리하고 전달할 것인 가'가 관건이다. 소소하고 평범한 주제라도 포장에 따라 반응과 성 과가 크게 갈린다. 더 추가할 만한 내용이 없을까? 관련된 경험담이 나 사례들은 뭐가 있을까? 이렇게 자문해보면서 조금 더 완성도를 높일 방법을 고민해보자. 이런 준비 시간이 조금 더 쌓이면 완성도 에서 큰 차이가 난다. 화장이나 옷을 고르는 시간보다 더 중요한 일이다. 작은 노력들이 더해지면 어느새 전문 유튜버다운 영상이 나오게 되고, 내가 이제 유튜버가 되었다고 실감할 것이다. 그렇게 되면 내 영상이 터질 날이 얼마 남지 않았다고 믿어도 좋다.

# 업로드! 업로드!! 업로드!!!

유튜브 운영 방식을 보면 그 사람의 성격을 알 수 있다. 얼마나 완벽주의자인지, 성격이 급한지 혹은 느긋한지와 같은 성격들이다. 이런 것들이 유튜브 채널을 통해 바로 드러난다.

구독자를 쌓기 위해서는 완성도 있는 편집이 중요하다. 하지만 내가 생각하는 '완성도 있는 편집'이란 화려한 편집 기술과 예쁜 폰트가 아니다. '내 메시지가 얼마나 효과적으로 전달되었는가'가 기준이다. 편집은 항상 메시지의 효율적 전달에 초점을 둬야 한다. 이 정도 편집 수준은 생각보다 빠르게 다다를 수 있다. 쉽게 사용할 수 있는 어플도 많고 노하우도 많이 공유되어 있기 때문이다.

그러면 그 후 가장 중요한 것은 무엇일까? 바로 업로드다!

업로드는 속도가 가장 중요하다. 어떤 콘텐츠나 노하우도 하루만 지나면 새로울 게 없는 시대다. 이런 시대에 꼼꼼하고 완벽한 작품을 만들어 유튜브에 올리려다가 업로드 시기가 늦어지면, 나보다 어설프지만 더 빨리 올린 사람에게 뒤처지게 된다. '내 눈높이'라는 함정에 갇혀 끝도 없이 영상을 수정하고 세심하게 기획하느라 시간을 보내는 사람들이 많다. 이런 사람들은 만드는 데 시간을 너무 많이 들여서 업로드 속도가 늦어지게 된다. 물론 보다 세심한 기획과 완성도 높은 편집작업이 필요한 주제나 분야가 있겠지만, 대부분은 편집의 질보다 속도가 더 중요하고, 개수를 늘려나가는 데 집중해야 한다고 생각한다.

지금 완벽한 영상을 올릴 생각은 버려야 한다. 처음 시작하는 수준에서 완벽한 영상을 올리겠다는 이야기는 영원히 업로드를 하지 않겠다는 의미다. 업로드하기 전에 지쳐서 포기하게 된다. 일단 '업로드를 해낸다'는 것 자체를 목표로 정해보자. 영상 퀄리티는 다음 영상에서 조금씩 개선하면 된다.

나 역시 영상을 올리기 전에 늘 아쉬운 마음이 있다. 하지만 눈 딱 감고 바로 업로드를 한다. 대신 다음 영상에서는 눈에 밟혔던 부분을 반영해서 업그레이드 해나간다.

일을 하다 가속도가 붙는 경험을 해보았을 것이다. 시작할 때는 힘들어도 계속하면 속도가 붙고 결과도 쉽고 빠르게 나온다. 유튜브를 하면 그런 시기를 만나게 될 것이다. 처음에는 기획을 어떻게 할지, 어떻게 편집할지 도통 감이 잡히지 않더라도 우선 업로드를 하면서 감을 잡고 손에 익혀보자. 어느 순간부터는 기획도 쉬워지고 편집 시간도 줄어든다. 머리만 굴려서는 절대 이런 결과를 얻을 수 없다. 경험을 해야만 한다.

### 100개까지는 고민하지 말고 올려라

여전히 많은 이들이 내게 업로드를 주저하는 여러 이유들을 대며 질문한다. 질문의 종류는 다양하지만, 늘 나의 대답은 한결같다.

"일단 업로드하세요! 무조건 업로드예요!! 100개까지는 고민하지 말고 무조건 올리세요."

일단 업로드를 하자. 그러면 지금 했던 걱정과 고민에 대한 해답을 자연스럽게 얻게 될 것이다. 혹시 너무 좋은 아이디어가 있는데 편집 수준이 올라오고, 채널이 커졌을 때 업로드하고 싶다는 욕심이 생길 수도 있다. 이런 주제일수록 빨리 업로드해야 한다는 게 내 생각이다. 물론 이때 조회수나 반응이 적을 수 있다. 하지만 내가 누구보다 먼저 그 아이디어를 이야기했다는 증거는 남기고 후에 그 영상이 인기영상이 될 가능성을 기대하는 게 낫다. 좋은 영상은 결국 사람들이 알아보게 되어 있다.

나중에 경험이 쌓이고 다시 제대로 만들고 싶다는 생각이 들면 다시 만들어서 업로드하고, 이전 영상은 비공개로 처리하는 방법도 있다. 이제 막 유튜브를 시작하는 사람들은 이전 영상을 비공개로 돌리거나 삭제하면 조회수와 댓글까지 사라지니 아까울 수도 있지만 전혀 아까워할 필요가 없다. 그 콘텐츠를 올렸기 때문에 아이디어가 보완되고 새로운 생각이 만들어지기 때문이다. 행동하지 않으면 다음 단계로 나아갈 수 없다. 다음 계단을 오르려면 여러 경험과 시행착오 과정을 반드시 거쳐야 한다. 결국 업로드만이 답을 준다. 오늘도 외쳐 보겠다.

　업로드! 업로드! 업로드!

# 북튜버가 반드시 알아야 할
# 저작권 상식

유튜브를 시작할 때 '북리뷰'를 하려는 사람들이 많다. 이렇게 책에 대한 리뷰나 정보를 제공하는 콘텐츠를 다루는 유튜버를 '북튜버'라고 부른다. 참고로 전자제품을 리뷰하거나 관련 정보를 주는 유튜버는 테크유튜버, 메이크업 영상을 찍는 유튜버는 뷰티유튜버라고 한다. 북튜버는 책에 담긴 콘텐츠를 이용할 수 있어서 영상 제작이 쉽고, 콘텐츠 소스인 책의 가격이 저렴해서 유튜버들이 쉽게 소재로 접근할 수 있는 분야다. 게다가 책을 다루면 유익한 영상이 될 가능성이 높기 때문에 상대적으로 안전한 콘텐츠 소재라고 할 수 있다.

책을 좋아하는 사람이라면 북튜버로 유튜브를 시작해보는 것도 좋은 방법이다. 지금까지 읽었던 책 중에 자신에게 도움이 되는 책을 골라 그 책이 무슨 책이고, 왜 좋아하고, 어떤 도움을 받았는지 편하게 말하면 된다. 어떻게 효과적으로 전할지 고민해보면서 말이다.

IT 기술을 활용할 수도 있다. '화이트보드 애니메이션'이라는 프로그램을 사용하면 자신이 그린 그림을 활용해서 애니메이션을 만들고 자신의 내레이션을 더해 손쉽게 영상을 만들 수도 있다. 무료 버전으로 먼저 사용해보고 자신에게 맞으면 그때 결제하면 된다. 나는 이런 유료 프로그램들은 대체로 제공하는 서비스에 비해 저렴한 가격이라고 생각한다.

책을 읽어주는 내용으로 영상을 만들 수도 있다. 책의 한 챕터나 중요 부분을 직접 읽어주는 것이다. 사진이나 그림을 몇 장 준비하여 목소리만 나오는 영상도 제작할 수 있다.

### 저작권을 지키며 콘텐츠를 만드는 법

북리뷰는 콘텐츠를 지속적으로 만들기에 아주 좋은 소재다. 세상에는 좋은 책들이 많이 있고, 앞으로도 좋은 책은 계속 나올 것이기 때문이다. 하지만 저작권 문제를 반드시 알아야 한다. 특히 책을 읽어주는 콘텐츠는 출판사가 제공하는 유료 오디오북 서비스와 영역이 겹치게 된다. 출판사가 문제를 제기하면 금전적인 보상까지 각오해야 한다. 현재로서는 저작권 침해가 분명하다고 해도 출판사가 영상의 존재를 모르고 있어서, 혹은 책의 홍보에 도움이 된다고 생각해서 눈감아주고 있다고 봐야 한다. 그렇다면 저작권을 위반하지 않고 북리뷰 영상을 찍으려면 어떻게 해야 할까?

### 출처를 밝히고 일부만 인용하라

한 단락 정도 또는 인상 깊었던 문구 중 일부를 인용하는 것은 괜찮다. 물론 반드시 출처를 밝혀야 한다. 여기에 문구를 인용하면서 자신의 생각이나 감상을 덧붙이는 것이다. 내 생각, 감상을 밝히며 영상을 만드는 것은 그 자체로 새로운 콘텐츠가 된다. 같은 책을 읽어도 느끼는 바는 모두 다를 수밖에 없으니 한 권의 책으로도 각기 다른 콘텐츠가 탄생할 수 있다. 단, 한 페이지를 통째로 읽는다거나 찍어서 올리는 것은 명백하게 저작권을 침해하는 행위다. 특히 동화책 같은 경우 그림을 찍고, 책의 내용을 읽어주는 경우가 있는데 그림에도 저작권이 있다는 것을 명심해야 한다.

### 저작권 이용을 허락받는다

아예 원저작권자에게 저작권 사용을 허락받는 방법이 있다. 출판사의 북리뷰 요청을 받아 영상을 찍으면 저작권 사용을 허락받은 셈이 된다. 그래서 책의 내용을 훨씬 자유롭게 활용할 수 있다. 출판사에서 요청이 오지 않더라도 자신이 먼저 문의할 수 있다. 예를 들어 책의 일부를 인용하고 줄거리를 전달하고 싶은데 저작권 사용이 가능한지 출판사에 묻는 것이다. 이런 경우에는 자신이 활용할 내용을 정확히 알려야 한다. 출판사 입장에서 생각하는 '일부'와 내가 생각하는 '일부'가 다를 수 있기 때문이다. 명확하게 허락을 받지 않으면 분쟁의 소지가 생긴다. 출판사와의 소통은 가능하면 메일로 저장하거나 통화를 녹음해서 자료를 남겨두는 게 좋다.

### 전래동화도 저작권이 있다

우화나 전래동화처럼 아주 오래전부터 전해져 내려온 익숙한 이야기들이 있다. '콩쥐 팥쥐' '곶감 먹은 호랑이' 같은 이야기 말이다. 이런 내용은 저작권이 아예 없거나 이미 오래전에 저작권이 소멸되어서 누구나 사용할 수 있다고 생각할 수 있다. 맞는 말이긴 하지만 이런 이야기를 담은 동화책을 갖고 북리뷰를 하는 것은 저작권 침해가 된다. 동화책으로 영상을 마음대로 만들면 2차 지작권 침해가 되기 때문이다.

### 책 구매나 오디오북을 대체해서는 안 된다

북리뷰 영상이 저작권을 침해해서 해당 도서나 출판사에 피해가 발생하는 상황을 초래하게 되면 저작권자는 문제 제기를 하지 않을 수 없다. 앞서 언급했듯이 지금까지는 출판사들이 북튜버들의 저작권 침해 행위를 눈감아주고 있지만, 책의 내용을 과다하게 올리거나 오디오북 수준으로 낭독해준다거나 소설의 하이라이트를 스포일러 해버린다면, 자신의 행동에 책임을 져야 하는 상황이 올 수 있다. 이런 행위가 책 판매에 영향을 미칠 수 있기 때문이다. 자신의 콘텐츠가 책 구매를 대체하게 만드는 일은 절대 피해야 한다.

북튜버는 누구나 시작할 수 있다. 콘텐츠가 고갈될 위험도 없고 많은 사람들에게 유익한 소재다. 책은 무엇보다 자기 성장, 자기계발에 도움이 되기 때문에 책을 읽고 다시 영상으로 정리하는 과정에서 스스로 얻는 것도 많다. 나 역시 북리뷰 협찬 제안도 받고 있지만 출판사에서 신간이 나오면 선물로도 많이 보내준다. 신간을 빨리 접할 수 있고 좋아하는 책을 읽으면서 돈도 벌 수 있으니 너무 좋다. 책을 좋아하고 자기계발을 하고 싶다면 북튜버를 추천한다. 단, 저작권에는 반드시 신경 써야 한다.

중요한 것은 여러 제약이나 고민이 되는 부분을 '포기'하는 이유로 만들지 말고, 이를 해결할 수 있는 방법을 찾아 계속할 수 있는 길을 찾는 것이다. 북리뷰를 할 때는 '자신의 생각'을 영상의 핵심으로 영상을 제작해보도록 하자.

# 제4장

# 연봉 1억이 되니 보이는 것들

# 수익이 있어야
# 오래 할 수 있다

나는 유튜브나 강연에서 돈과 욕망에 솔직해져야 한다고 자주 말한다. 돈이 필요하다는 것을 인지하고 현실을 받아들이자는 것이다. 그래야 돈 이야기를 자연스럽게 할 수 있다.

"전 수익은 상관없어요. 남들에게 도움을 주고자 제 노하우를 그냥 공개하는 거예요."

이렇게 얘기하는 사람들을 종종 만난다. 그러면 나는 이렇게 질문한다.

"영상 찍고, 편집하시는 데 시간이 얼마나 걸리시나요?"

"영상 하나 만드는 데 총 대여섯 시간은 걸리는 것 같더라고요."

"그렇게 시간을 쓰는데, 수익 창출이 전혀 없어도 정말 즐거우실

까요?"

"그럼요. 제 노하우에 도움을 받은 사람들이 댓글도 달아주고, 보람을 느껴요."

"이렇게 영상 하나에 대여섯 시간씩 공을 들이는데, 수입이 전혀 없는 상태로 몇 년 동안이나 하실 수 있을까요?"

"글쎄요… 음… 한 1년은 할 수 있을 것 같은데요?"

"그럼, 만약 유튜브로 수입이 생긴다면 유튜브 운영이 어떨 것 같아요?"

"물론, 더 좋겠죠."

"수익이 없어도 이렇게 보람이 느껴지고 재미있는데, 유튜브로 남들 월급만큼 수입이 생기게 된다면 어떨까요?"

"그야 정말 좋겠죠. 즐겁게 오래 할 수 있을 거고요."

"그럼, 이제 나는 수익이 난다면 더 좋겠다는 바람을 솔직하게 인정하고, 수익을 만들어 낼 수 있도록 노력해 보실래요? 그리고 남들에게도 이렇게 말할 수 있나요?"

수익 활동을 전혀 하지 않고 유튜브를 운영하는 사람들도 많다. 하지만 오랫동안 지속하려면 지구력을 갖춰야 한다. 그게 바로 경제력이다. 어지간히 여유가 있지 않고서는 유튜브를 하는 데 들어가는 시간과 노력에 대한 보상이 필요한 법이다. 이걸 무시하면 결국 유튜브를 유지하는 체력이 떨어지고, 탈이 난다.

유명한 모 크리에이터에게 이런 일이 있었다. 그는 평소에 애드센스 말고는 추가 수익을 바라지 않는다는 말을 자주 했다. 그러다 자체적으로 수업 과정을 만들고 모객을 위해 홍보영상을 만들면서 수익 사업을 펼치게 되었다. 결과는 예상대로다. 엄청난 항의와 질타가 쏟아졌다. 수익 활동을 인정하고 응원해주는 사람들도 있지만, 강의료가 비싸다는 항의부터 돈벌이를 한다고 욕하는 사람들까지 악플이 댓글 창을 도배했다. 내가 보기에는 크리에이터의 커리어에 비해 저렴한 강의료에 내용도 알차보이는 커리큘럼이었지만, 사람들의 배신감은 상상 이상이었다.

유튜브는 일관성 있게 운영해야 한다. 그래서 솔직하게 시작해야 한다. '돈은 필요 없어!'라고 했다가 수익 활동을 하면 엄청난 역풍을 각오해야 한다. 사람들은 크리에이터의 수익 활동에 화가 난 게 아니라 태도가 달라져서 실망한 것이다. 그 원인은 크리에이터에게 있다. 유튜브는 크리에이터 자체의 호감도와 구독자와의 친밀도가 채널 운영에서 매우 중요한 부분을 차지한다. 크리에이터의 이런 부분이 좋아서 응원하고 구독하고 있었는데, 내 예상과 다른 부분이 갑자기 나온다면 지지한 만큼 더 큰 실망감을 느끼게 된다. 그럼 어떻게 자연스럽게 수익을 창출하는 채널로 운영할 수 있을까?

# 돈을 벌고 싶다면
# 처음부터 솔직하게

　노래가 취미였던 한 유튜버는 자신이 각종 모임행사에서 노래를 부르는 장면을 영상으로 올리면서 채널을 운영하고 있었다. 그리고 주업은 다른 분야였다.

　"사실 제가 상품을 판매하고 있거든요. 수입도 중요하니까 유튜브를 통해 상품 판매에도 도움이 될 수도 있을 것 같다는 생각이 드는데요. 하지만 노래 영상을 올리던 채널에서 갑자기 판매 이야기를 꺼내면 시청자들이 어떻게 볼까 걱정돼요. 노래 영상이랑 사업, 돈 얘기를 같이해도 될까요?"

　채널에서 다루는 콘텐츠와 자신의 사업 분야가 다른 경우, 유튜브를 통해 사업 관련 수익을 얻고 싶은 생각이 들어도 막상 이를 밝히는 걸 꺼리게 된다. 갑자기 돈 이야기를 꺼냈을 때 시청자들이 '돈을 밝힌다'거나 '상업적이다'라는 비난을 하지 않을까 두려워서다.

나 역시 수익과 연결되는 협찬이나 강연 공지와 같은 홍보영상을 올리면 다른 영상들에 비해 '싫어요'가 확실히 많이 찍힌다. 내 의견을 밝히는 영상에 '싫어요'를 누르는 것은 나와 의견이 달라서라고 이해할 수 있지만, 짧은 강연 공지 영상에 '싫어요'가 찍히는 건 어떤 의미일까? 아이러니하게도 '재테크' '돈 버는 방법' '여러분도 돈을 벌 수 있다'는 메시지가 담긴 영상에는 '좋아요'가 많고 반응도 긍정적인데, 실제로 이를 적용해서 수익을 실현하려고 하면 '싫어요'가 많다는 것이다.

나는 이런 반응을 보면서 사람들이 '돈'을 어떻게 생각하는지 들여다본다. 모두가 부자가 되고 싶고, 돈을 버는 노하우를 배우기를 원하지만, 남들이 쉽게 돈을 버는 것처럼 보이면 배가 아프고 싫어지는 것 같다. 그렇다면 더 많은 수익을 만들고 싶은 유튜버는 어떤 방식으로 채널을 운영해야 할까?

### 돈에 대한 생각부터 정리하라

먼저 자신이 돈에 대해서 어떤 생각을 갖고 있는지 자문해보아야 한다. 애드센스 외에 다른 수익이 없어도 지치지 않고 운영할 수 있는지, 구독자가 늘어났을 때 협찬 요청이나 수익 창출 기회가 생기면 어떤 선택을 할지 스스로에게 물어야 한다. 추가 수익이 필요하다는 답이 나온다면 애초부터 수익 활동을 하겠다는 자세로 유튜브를 시작하길 바란다.

나는 유튜브를 운영하면서 돈을 많이 벌고 싶다는 욕망을 자주 드러낸다. 일부러 티를 내는 정도는 아니지만, 영상을 솔직하게 제작하려고 노력하기 때문에 돈에 관한 내 생각들도 자연스럽게 나온다. 그렇기 때문에 내가 하는 수익 활동은 이런 생각의 연장선으로 자연스럽게 흘러가게 된다. 내가 자연스러우니 독자들도 자연스럽게 받아들인다.

'너무 돈 돈 거리면서 돈을 밝히는 건 별로야.'

만약 이런 생각을 갖고 있다면 수익 활동을 당당하게 시작하기 힘들다. 그러면 이런 마인드가 영상에도 나오게 되고, 구독자에게도 고스란히 전해진다. 애드센스 광고수익은 생각보다 적다. 이 수익만으로는 유튜브를 오랫동안 지속하기는 어렵다.

결국 유튜브를 순수한 마음으로 시작했다고 해도 돈은 반드시 필요하다. 그리고 유튜브를 운영하면서 투입되는 시간과 노력, 시행착오로 흘려보내는 시간들을 냉철하게 생각해볼 필요가 있다. 내가 투입하는 시간을 최저임금으로만 계산해봐도 어느 정도 가늠할 수 있을 것이다. 수익을 만들고 욕망하는 일은 그저 당연한 일일 뿐, 나쁠 이유가 없다. 중간에 태도를 바꾸는 게 오히려 나쁜 것이다.

처음 질문으로 돌아가 보면, 노래 콘텐츠를 올리면서 자연스럽게 상품을 판매해도 괜찮다. 이왕이면 초기부터 그렇게 하는 게 좋다.

노래와 상품판매가 연관이 없어 보이지만, 유튜브는 '크리에이터 중심' 플랫폼이다. 처음에는 노래가 좋아서 채널을 방문해도 크리에이터에게 매력을 느끼면 점차 궁금증이 생긴다. 유튜브 채널을 보면서 '이 사람은 뭘로 먹고사는 걸까?' 하며 궁금했던 적이 있을 것이다.

콘텐츠에 끌려 방문했어도 크리에이터의 매력 때문에 머물게 되는 경우가 많다. 그래서 주 콘텐츠가 아닌 내용이라도 구독자들이 좋아할 수 있다. 내가 관심을 가진 크리에이터가 알고 봤더니 상품을 판매하는 사람이란 걸 알게 되었을 때 배신감이 들고 화가 날까? 그렇지는 않다. 그냥 '이 사람은 이런 일을 하고 노래는 취미인 거구나' 하고 자연스럽게 받아들이게 될 것이다. 오히려 이렇게 자신을 솔직하게 드러냈을 때 신뢰가 더 쌓일 수도 있다. 더 나아가 상품에도 관심이 가고 구매까지 연결될 확률도 높아진다.

중요한 것은 처음부터 솔직하게 돈을 벌고자 하는 바람을 드러내는 것이다. 돈이 필요하다는 것을 스스로 인정하라고 조언하고 싶다. 돈은 아주 훌륭한 동기부여 수단이다. 자신이 갖고 있는 돈에 관한 생각을 되돌아보고, 유튜브를 하는 목적과 앞으로 지속하고자 하는 방향을 정리해보자. 이런 생각을 일관되고 자연스럽게 표현하면 된다. 특히 돈은 아주 예민한 부분이다. 애초에 확실하게 자신의 태도를 정하고 시작해야 한다.

# 〈소사장소피아〉
# 채널 수익 공개

2019년 말 현재 내가 운영하는 〈소상장소피아〉 채널의 구독자는 9만 명을 앞두고 있고, 조회수는 500만 회를 기록했다. 월평균 조회수 30만 회 정도인 이 채널을 통해 내가 벌어들이는 모든 수익을 공개한다.

**애드센스 광고수입(월평균 150만 원)**

구글에서 배분하는 애드센스 광고수익이다. 처음 정산을 받았을 때는 10만 원 정도였다가 조금씩 늘어나서 구독자가 3만 명 정도일 때 처음으로 100만 원이 되었다. 그 이후로 구독자가 늘어나는 것과 비례해서 수익이 계속 늘 거라고 기대했지만 그렇지는 않았다. 새로운 영상을 꾸준히 올리지 않으면 광고수익은 곧바로 줄어든다. 지금도 구독자는 계속 증가하고 있지만, 그달에 업로드한 영상의 개수와 영상들의 조회수에 따라 수익은 계속 변동한다. 현재는 월 150만 원 정도의 광고수익을 얻고 있다.

### 협찬광고수익(월평균 150만 원)

브랜디드 콘텐츠* 영상을 통한 수익이다. 영상 안에서 자연스럽게 브랜드와 제품을 홍보하는 내용으로 제작한다. 나의 경우 북리뷰, 금융상품 관련 브랜디드 콘텐츠 영상을 주로 찍는다. 채널과 무관한 상품 관련 제작 요청은 대부분 거절하고 있다.

각각의 가격은 천차만별이다. 처음에는 제품만 제공받고 무료로 영상을 올리는 것으로 시작했다. 그 후 점점 광고비를 높이기 위해 노력한다. 구독자수에 따라 금액을 올리기도 하고, 제안하는 기업의 규모와 상대가 얻을 홍보 효과를 고려해서 견적을 다르게 부르기도 한다. 매달 다르기는 하지만 협찬광고로 한 달에 적게는 50만 원에서 많게는 300만 원까지 수익을 얻고 있다. 애드센스 광고수익은 예측하기 어렵지만 협찬 광고수익만큼은 앞으로도 계속 늘어날 것으로 예상한다. 유튜브는 시청자들과 시청시간이 가장 크게 늘고 있는 플랫폼이기도 하고, 전문가들도 유튜브 광고가 다른 매체에 비해 비용 대비 노출효과가 크다고 평가하고 있기 때문이다.

### 강연 수입(월평균 700만 원)

교육 프로그램을 운영하고 있다. 경매를 배우는 '레버리지마스터(레마)', 유튜브 수업인 '유튜브마스터(유마)', 자기계발 프로그램인 '드림마스터(드마)' 과정을 운영하고 있다. 적게는 3주에서 두 달까지의 장기 커리큘럼이고, 때때로 하루짜리 특강을 기획하기도 한다. 내가 직접 강연을 하기도 하지만 따로 선생님을 모시고 커리큘럼을 만들기도 하고, 저자나 유명인을 초청하여 특강을 기획하고 있다. 레마, 유마, 드마가 주 수입원이라고 할 수 있다. 특히 강연은 확장성이 커서 더 많은 프로그램을 개발하고, 참가자들의 만족도를 끌어낸다면 앞으로 더 큰 수익을 기대할 수 있다.

### 부가 수익

### 출판 인세

유튜브를 시작한 후 두 곳의 출판사와 출간 계약을 맺었다. 한 권은 2019년 10월에 출간되었고, 인세가 들어오기 시작했다. 지금 쓰고 있는 『엄마는 오늘도 유튜브로 출근한다』 역시 출간되면 인세가 발생한다. 인세뿐만 아니라, 책을 보고 여러 단체나 기업 등에서 강연 요청이 들어오면 강연료 수익도 기대할 수 있다.

### 굿즈 판매

연말에는 '끌어당김달력'을 제작해서 판매한다. 벌써 두 번째 내 이름이 적혀 있는 상품을 제작해서 판매했다. 수익은 제작비를 겨우 건지는 정도지만 1년 동안 누군가의 곁에 머무르는 상품을 만들어 낸 것 자체가 너무 멋진 일이라고 생각한다. 앞으로는 더욱 실용적이고 도움이 되는 다양한 굿즈를 기획해볼 예정이다.

### 방송 출연료

유튜브를 시작하고 나서 엄마에서 사회인으로 인정받았다는 것을 가장 실감한 건 방송에 출연했을 때였다. 출연료는 10~30만 원 수준이었지만, 두 아이의 엄마에서 유튜버로서 커리어를 인정받은 것 같아 뿌듯했다. 텔레비전에 출연하면 확실히 인지도가 높아진다는 느낌을 받는다. 새로운 구독자가 유입되고, 프로필에 공신력 있는 이력도 추가되는 효과가 있다.

내가 유튜브를 통해 얻는 수익의 세부 내용은 이와 같다. 하지만 더 중요한 것은 지금의 수익이 아니라 앞으로 잡을 수 있는 기회다. 수입 0원이었던 두 아이의 엄마가 유튜브를 시작한 지 2년 만에 얻어낸 결과가 이 정도다. 나는 지금의 수익은 빙산의 일각이라 생각한다. 유튜브를 하면 할수록 더 많은 가능성과 기회가 보인다. 한계는 내 안에 있고, 수익의 한계 역시 내 안에 있다. 내 안의 한계를 깨면서 즐겁고 의미 있는 다양한 활동을 하며 더 많은 수익을 만들어 보고 싶다. 내가 지나온 길을 모두 공개할 테니, 당신도 당신의 한계를 깨보길 바란다. 나도 했으니, 당신도 할 수 있다.

# 조회수 1 = 1원
# 사실일까?

수익을 만들어내려면 먼저 유튜브의 알고리즘을 알아야 한다. 유튜브를 시작하면서 사람들이 한번쯤 찾아보는 영상이 바로 '수익 공개' 영상이 아닐까 싶다. 수익 공개 영상을 보면서 유튜브를 하면 얼마를 벌 수 있을지, 유튜브에 내 시간을 투자할 만한지 따져보는 것이다. 수많은 수익 공개 영상과 유튜브의 수익 구조, 수익을 만드는 법 등등 다양한 수익 관련 영상들이 있다. 그중에는 사실과 다른 내용으로 혼선을 주는 영상들도 있다. 조회수 1회당 1원이 수익이라거나, 구독자가 많을수록 수익이 많아진다는 것은 사실이 아니다.

나는 유튜브를 본격적으로 시작한 지 10개월쯤 되었을 때 처음으로 수익을 정산받았다. 첫 수익은 10만 원 남짓이었다. 금액은 적었지만 이제 유튜브로 돈을 벌 수 있다는 의미였기 때문에 너무 기뻤다. 그 후로 구독자가 늘고, 조회수도 늘어나면서 30만 원, 50만 원, 70만 원으로 점차 수익이 늘었다. 그리고 1년이 지났을 무렵 드디어 100만 원의 고지를 돌파했다. 그때 나는 이렇게 생각했다.

"드디어 100만 원을 넘겼네. 구독자는 계속 늘어날 테니까, 앞으로는 최소 100만 원은 넘겠구나!"

하지만 이런 기대는 바로 다음 달 무너졌다. 그다음 달 정산 받은 돈은 80만 원 정도로 오히려 줄어버렸다. 물론 구독자는 더 늘었는데도 말이다. 그 후로도 유튜브 광고수익은 꾸준히 늘지 않고 들쭉날쭉했다. 처음 100만 원을 넘겼을 때는 구독자가 3만 명 정도였는데, 구독자가 8만 명일 때도 100만 원이 안 되는 달이 있다.

그런데 수익 공개 영상에는 구독자가 1만 명 남짓인데도 월 400만 원의 광고수익을 받았다고 인증한 유튜버가 있다. 왜 이런 일이 일어나는 것일까? 결론부터 이야기하자면 애드센스 광고수익은 구독자수가 아니라 조회수에 영향을 받기 때문이다. 유튜브 광고수익에 대해 알고 싶다면 먼저 유튜브의 수익 배분 방식을 알아야 한다.

기본적으로 자신의 영상에 광고를 붙이려면 먼저 '구독자 1,000, 시청시간 4,000'이라는 숫자를 달성해야 한다. 이때부터 내 채널의 시청자들에게 광고를 노출할 수 있고, 시청자들이 광고를 5초 이상 시청하면 그 이후 시간에 비례해서 광고수익을 얻을 수 있다. 광고의 길이나 종류는 유튜브의 AI가 영상과 관련 있는 광고를 선별해서 붙인다. 광고는 보통 5초 이후에 스킵<sup>skip</sup> 버튼이 나와서 넘길 수 있지만 때로는 무조건 전체 광고를 다 봐야 하는 경우도 있다. 또는 설문조사나 어플다운사이트로 넘어가는 형태의 다양한 광고도 있다. 광고 게재가 허락된 크리에이터는 10분이 넘는 영상을 올릴 때 영상 중간과 마지막에 추가적으로 자유롭게 광고를 넣을 수 있다. 길이가 긴 영상을 만드는 데 들어가는 노력에 대한 일종의 보상이라고 보면 된다.

광고수익을 높이려면 당연히 이 광고를 보는 횟수를 늘려야 하기 때문에 구독자수보다는 조회수가 더 중요하다. 물론 구독자수가 많다면 기본 조회수가 높아지고, 다른 사람들에게 추천 영상으로 뜨거나, 인기영상이 될 가능성이 높아진다. 하지만 이는 확률이 높아지는 것이지 무조건 구독자가 많다고 조회수가 높은 것은 아니다. 결국 조회수가 잘 나오는 양질의 영상들을 꾸준히 그리고 많이 업로드하는 것이 애드센스 광고수익을 늘리는 유일한 방법이다.

# 광고를 포기해도
# 수익을 낼 수 있다

유튜브 운영 초기 구글 메일함에 가슴 철렁한 메일이 와 있었다. 내가 올린 영상에 쓰인 음원에 대한 저작권을 주장하는 사람이 있다는 내용이었다. 알고 보니 영상 중간에 배경음악으로 몇십 초 정도 삽입한 음악 하나가 문제였다. 많이 놀랐지만 내용을 찬찬히 살펴보니 큰 문제는 아니었다. 앞으로 이 영상으로 인해 발생되는 광고수익이 그 음악의 저작권자에게 간다는 내용이었고, 영상이 강제로 삭제된다거나 다른 불이익은 없었다.

만약 이 영상으로 발생되는 광고수익을 얻고 싶다면 그 음악만 삭제하면 된다. 그러나 이미 업로드된 영상은 '유튜브 크리에이터 스튜디오' 내에서 전체 소리를 삭제하는 방법 말고는 없다. 부분 삭제는 불가능하다. 유일한 방법은 업로드된 영상을 삭제하고, 음원을 뺀 영상을 다시 편집해서 올리는 것이다. 하지만 그렇게 하면 이미 나온 조회수와 댓글, 좋아요 등을 포기해야 한다. 문제가 된 영상은 이미 조회수가 꽤 나온 영상이었기 때문에 그냥 두고, 광고수익은 음원 저작권자가 가져가는 방법을 택했다. 만약 초기에 발견했거나, 조회수가 아직 덜 나온 상황이었다면 지속적인 수익을 위해 바로 영상을 내리고 문제가 된 음악을 삭제한 후 다시 올렸을 것이다.

지금은 영상을 올릴 때 저작권 문제를 반드시 확인해서 불상사를 방지하고 있다. 그런데 아예 처음부터 광고수익을 포기하고 저작권이 있는 음원을 사용하는 크리에이터들도 있다. 대표적인 사례가 노래나 댄스곡을 커버해서 올리는 채널들이다. 노래를 스스로 연주하거나 자신의 목소리로 부른다고 하더라도 원곡의 음원 소유자에게 수익이 간다. 댄스 콘텐츠도 배경음악으로 쓰인 음원 소유권자에게 광고수익이 돌아간다. 유튜브 채널 중에 〈거리노래방〉이 이렇게 운영하는 대표적인 사례다.

## 광고수익보다 지속 가능성이 중요하다

그럼 이런 채널들은 광고수익도 없는데 왜 계속하는 것일까? 그 이유는 광고수익이 아니라도 다른 수익과 기회를 창출할 수 있기 때문이다. 이런 영상을 통해 구독자를 모으고, 인지도가 높아져서 홍보 효과가 확인되면 추후에 행사 요청이 들어오거나 하는 등의 다양한 기회를 얻을 수 있다. 〈거리노래방〉은 인지도가 높아지자 홍보 효과가 입증되면서 타이거JK 같은 가수가 출연하기도 하고, 앨범이나 영화 혹은 스스로를 홍보하기 위해 연예인도 출연하게 되었다. 이런 사례를 보면 광고수익이 저작권자에게 모두 가는 채널, 결국 애드센스 광고수익이 전혀 없는 영상일지라도 구독자를 많이 모을 수 있다면 채널 운영을 도전해볼 만하다. 사람들에게 유익하거나 즐거운 영상을 만들어 구독자를 쌓아나가는 것이 중요하다. 구독자가 쌓이면 수익 창출 기회는 얼마든지 찾아온다.

중요한 것은 나한테 맞고, 지속해서 제작 가능한 콘텐츠인가다. 이것이 광고수익보다 더 중요하다. 수익 창출 방법을 고민하느라 영상 업로드를 미루지 않기를 바란다. 지금 수많은 댄스 채널들, 노래 커버 영상을 올리는 크리에이터들도 처음부터 이런 기회와 가능성이 생기리라는 것을 상상하지 못했을 것이다. 목표는 계단과 같아서 첫 계단을 올라야 두 번째 계단을 오를 수 있다. 우선 첫발을 떼서 계단을 오르다 보면 어느 순간 내 앞에 무수한 갈랫길이 뻗어 있다는 것을 느낄 때가 온다. 그곳에 도착하려면 일단 시작해야 한다.

## 영상 저작권은 반드시 지켜야 한다

앞서 언급한 내용은 음원 사용에 국한되는 이야기다. 음원은 구글이 알아서 저작권 침해인지 아닌지 알려주고, 저작권이 있는 음악을 사용했다고 하더라도 광고수익이 저작권자에게 가는 것 말고 큰 불이익은 없다.

그러나 영상 저작권 침해의 경우는 이야기가 다르다. 타인의 영상을 표절하거나 저작권을 침해하는 영상을 제작하면 저작권 위반으로 신고를 당할 수 있다. 만약 유튜브에서 저작권 위반이라고 판단하면 영상이 삭제되거나 심하면 채널 운영 자체가 금지될 수 있다. 다른 크리에이터의 영상을 표절하거나 무단으로 사용하는 일이 없도록 주의해야 한다.

만약 영상 자료가 필요하다면 무료 또는 유료로 영상 자료를 제공해주는 사이트들을 이용하기를 권한다. 영상 자료는 '셔터스톡'이나 '게티이미지뱅크'를 기본으로 본인에게 맞는 사이트를 찾아보면 된다.

# 그 협찬은
# 하지 마세요

유튜브 애드센스 광고수익만으로 큰돈을 벌기는 쉽지 않다. 더 많은 광고주들이 유튜브라는 플랫폼을 마케팅 수단으로 삼아 들어오려고 하니 유튜브 광고 시장의 총 파이는 늘어날 테지만, 그만큼 채널 간의 경쟁도 치열해지고 있다. 많은 구독자와 조회수를 보유한 일부 크리에이터 외에는 광고수익이 크게 늘기는 어려울 것이다. 그래서 일정 규모 이상의 구독자가 있는 크리에이터들은 추가로 수익을 얻기 위해 가장 먼저 제품협찬영상브랜디드 콘텐츠영상이나 PPL Product Placement, 제품간접광고에 관심을 가지게 된다. 하지만 협찬 영상을 만들 때는 신중해야 한다. 구독자가 늘고 채널의 콘셉트가 명확해질수록 더 주의해야 한다.

## 협찬을 받기 전에 고려해야 할 것들

어느 날, 염색약 브랜디드 콘텐츠 제안 메일을 받았다. 마침 이날 아침 거울을 보다가 머리 구석구석에서 고개를 내밀고 있는 흰머리를 발견하고 뿌리염색을 하러 미용실에 가야 하나 고민했는데 말이다. 나는 유전적 영향으로 10대 후반부터 새치가 생겨서 지금은 염색을 하지 않으면 거의 반백발이 될 정도다. 그런데 미용실 가는 건 또 너무 싫어한다. 다른 사람들은 미용실 가면 예뻐져서 나오니 좋다고 하는데 예뻐지려고 옴짝달싹 못 하는 그 시간이 왜 이렇게 지루하고 힘든지 모르겠다. 새치만 아니었다면 미용실을 1년에 한 번이나 갔을까 모르겠다.

하지만 요즘엔 흰머리 때문에 미용실도 자주 가고, 집에서 셀프로 염색도 자주 한다. 그냥 놔두기엔 아직 나이와 흰머리가 어울리지 않는 느낌이 들고 다른 사람들을 만날 때 예의가 아닌 것 같기도 하다. 차라리 나이가 더 들면 강경화 장관처럼 당당하게 다닐 수 있을 것 같은데 아직은 때가 아닌 것 같다. 이런 고민을 하고 있는데, 메일함에 마침 염색약 협찬 제안 메일이 와 있던 것이다.

"소피아님은 필요 없으시겠지만, 부모님이나 주변 분들께 추천해드릴 만한 제품이라 협찬을 제안합니다."

이렇게 적혀 있는 제안 메일이었지만, 속으로는

'내가 흰머리 많은 걸 어떻게 아셨지? 지금 내가 염색으로 고민하고 있는데 마침 이런 메일이 딱 왔네?'

하며 신기해했다. 그러고는 잠시 '이 제품으로 리뷰를 한다면 어떨까?' 하는 상상을 해보며 나름의 콘티를 머리에 그려보았다.

**1** 먼저 내 흰머리를 아주 잘 보이게 찍어야 한다. 사실 여기부터 걸리기 시작했다. 누군가 도와줘야 제대로 찍을 텐데 나는 1인 크리에이터니까.

**2** 흰머리를 여차저차 찍었다 치고, 그다음에는 화장실에 흡착삼각대로 카메라를 붙인다. 그러고는 머리에 염색약을 바른다. 바르면서 두피가 따가운지, 냄새가 독한지, 화장실 벽이나 바닥에 튄 염색약이 잘 닦이는지 등을 리뷰해야 한다.

**3** 머리를 감는 모습도 보여주고 헹굼이 용이한지도 보여줘야 할 텐데 귀신처럼 나올 것 같다는 걱정이 앞선다.

**4** 머리를 감고 나서는 염색이 잘되었는지를 보여줘야 하니 젖은 머리를 드라이하고 머리를 들춰보이며 찍어야겠다. 비포와 애프터를 비교해야 하는데 예쁘게 드라이한 후 '짜잔' 하는 임팩트를 줘야겠다. 머릿결까지 좋아진다면 샴푸 모델처럼 머리를 차르르 흔들어볼까?

협찬을 받으면 이 제품을 어떻게 리뷰할 것인가 하는 나름의 기획이 필요하다. 염색약 제안을 받고서는 여기까지 상상해보았다. 그러고서 내린 결론은 '자신 없다'였다. 혼자서 촬영하기도 어렵고 연출은 더 어려워 보였다. 제대로 할 자신이 없었기 때문에 '죄송하지만, 이번 협찬은 할 수 없어요'라고 답신을 보냈다. 보통 이런 식으로 제안의 70~80퍼센트 정도는 거절하고 있다. 그리고는 협찬 내용을 포함한 흰머리에 대한 고민을 SNS에 올렸는데, 사람들의 반응은 내 예상과는 전혀 달랐다.

"채널의 방향과 너무 어울리지 않아요."

"염색약은 사람마다 효과나 부작용 등이 다양할 수 있어서 위험 요소가 너무 많으니, 하지 않았으면 좋겠어요."

"하지 않았으면 했는데, 거절하셨다니, 다행이네요."

대부분 내 채널을 사랑해주시는 분들의 진심 어린 조언들이었는데 반대의견이 대부분이었다. 나는 그냥 흰머리 염색이 귀찮다는 한탄을 하면서 협찬 메일을 소개한 것뿐이었는데 여러분들의 반응은 정말 진지했다. 염색약 같은 것은 사람마다 효과나 부작용이 다를 수 있다는 점도 정신이 번쩍 드는 부분이었다. 다시금 협찬 영상을 제작할 때는 더 깊게 다양한 변수를 고려해서 신중하게 결정해야겠다고 다짐했다.

# 협찬 제품을 고르는
# 세 가지 원칙

자신의 채널에서 자신의 이름을 걸고 제품을 추천하는 일은 신중해야 한다. 잘못된 선택을 하면 구독자들의 반감을 사고 협찬 제품뿐 아니라 자신의 채널에도 타격이 온다. 책임감과 부담감을 가져야한다.

협찬 제품을 고르는 데에는 몇 가지 원칙이 있다.

**첫째, 자신의 채널과 어울려야 한다.**

염색약 협찬 제의를 받은 일을 알렸을 때 가장 먼저 눈에 들어온 댓글은 '채널 방향과 맞지 않는다'는 조언이었다. 내 채널의 정체성은 자기계발, 유튜브 노하우 그리고 재테크다. 뜬금없이 채널과 어울리지 않는 제품 광고가 나오면 자연스럽지 않은 느낌이 들고, 홍보 효과도 좋지 않을 것이다. 내가 선호하는 협찬은 손실 가능성이 없는 재테크 관련 상품이나 서비스, 그리고 책 홍보다. 재테크를 쉽게 설명하는 영상을 제작하면 보람도 되고, 수익도 얻게 되니 기쁘다. 북리뷰의 경우 종종 출판사에 요청하여 구독자들에게 책 선물을 드리는 이벤트도 한다. 구독자 중에도 책을 좋아하는 사람들이 많기 때문에 늘 반응이 뜨겁고, 호응을 더 이끌어낼 수 있어서 추후 영상 조회수나 노출에도 도움이 된다. 책은 내 채널과 잘 어울리는 콘텐츠이기 때문에 시너지 효과도 좋다. 이렇게 자기 채널과 어울리는 제품을 잘 선택한다면 채널 성장에도 큰 도움이 될 수 있다.

**둘째, 사전조사를 하라**

돈을 받는 제품 리뷰나 서비스 협찬은 아무래도 장점 위주로 설명할 수밖에 없다. 단점까지 적나라하게 말하는 것을 좋아할 광고주는 없을 것이다. 채널 구독자와의 신뢰만큼이나 광고주와의 신뢰도 중요하다. 그렇기 때문에 협찬 제안을 수락하기 전에 사전조사를 해야 한다. 리뷰나 상품후기, 상세설명 등을 조사해보면서 혹시 모를 위험성이나 단점, 부작용 등을 찾아보는 것이다. 완벽할 수는 없겠지만, 최대한 사전에 꼼꼼하게 살펴야 하고, 이런 노력이 구독자와 더 나아가 광고주와의 신뢰를 쌓는 데 도움이 된다고 믿는다. 문제점이 보이면 바로 거절하고, 이로운 제품이나 서비스라는 확신이 들면 진심을 담아 브랜디드 콘텐츠 영상을 만든다. 이렇게 해야 크리에이터-구독자-광고주 모두에게 이롭고 효과도 훨씬 좋다.

### 셋째, 구독자가 최우선이다

내가 만족스럽게 사용한 제품이나 서비스라도 다른 사람에게 문제가 발생할 여지가 있다면 안 하는 게 낫다. 특히 염색약이나 화장품 같은 경우는 나한테 잘 맞아도 다른 사람에게는 생각지 못한 부작용이 생길 수도 있다. 소수에게만 부작용이 생기더라도 크리에이터는 큰 타격을 받을 수 있다. 내가 개발한 제품이 아니고, 내가 사용했을 때 정말 아무 문제가 없더라도 그렇다.

### 협찬보다 구독자와의 신뢰가 중요하다

기대가 없으면 실망도 하지 않는 법이다. 실망이 크다는 것은 그만큼 신뢰와 기대가 크다는 의미다. 신뢰가 쌓일수록 더 조심할 게 많아지고, 순간의 선택이 점점 더 중요해진다. 구독자는 자신이 신뢰하는 크리에이터가 기대에 미치지 못하고 예상과 다른 행동을 하면 크게 실망한다. 신뢰를 쌓으려면 엄청난 시간과 노력이 필요한데, 신뢰가 깨지는 것은 한순간이다.

다만 크리에이터는 실수할 수 있다는 것을 인정하고, 스스로에게 조금 너그러운 마음을 가질 필요도 있다. 늘 구독자를 최우선으로 두고, 그들의 조언에 귀를 기울이고, 더 지혜로운 선택을 하기 위해 고민해야 한다. 당장의 이득보다 미래를 위한 선택을 해야 한다. 그 선택은 구독자를 위한 것이어야 한다.

# 슈퍼챗 – 라이브를 하면서도
# 돈을 번다

Live

실시간 채팅 다시보기
주요 채팅 다시보기                         꾸   ×

👤 ₩50,000

👤 46.15  ◯◯◯    짝♡♡♡♡♡♡♡

👤 46.17  Chris Hill Park  확정해주세요! 부산, 어머니가서겠요.
가시고싶어해요. 전 외국이라 ㅠㅠ

👤 46.23  ◯◯◯  넘 좋아요~!!!!#♡♡♡

👤 46.23  ◯◯◯  와 그럼 나 부산 갑니다. 경기도에서

👤  미라콜스토리
   ₩50,000
소파아님,응원합니다.✲

유튜브 생방송을 진행하면서도 수익을 창출할 수 있다. 방송을 하면서 시청자들과 실시간 채팅을 할 수 있는데, 이때 시청자가 크리에이터에게 금전을 후원하면 자신의 메시지가 라이브 채팅창에 더 잘 보이도록 노출된다. 금액이 높을수록 노출되는 시간이 길어진다. 이게 유튜브의 슈퍼챗super chat이다.

실시간 채팅을 할 때 시청자가 금전을 후원하면
시청자의 메시지가 라이브 채팅창에 더 잘 보이도록 노출된다.

아프리카TV의 별풍선과 비슷하다.

　크리에이터가 슈퍼챗으로 후원을 받으려면 일정한 조건을 충족해야 한다. 구독자가 1,000명이 넘고, 크리에이터의 나이가 만 18세 이상이어야 한다. 충성스러운 구독자들을 많이 보유한 크리에이터, 고민 상담이나 전문적인 상담을 해주는 크리에이터들은 특히 슈퍼챗을 많이 받는다. 금액에 따라 메시지를 적을 수 있는 길이와 상단에 노출되는 시간은 다음과 같다.

| 구매 금액<br>(대한민국 원) | 색상 이름 | 메시지 최대 길이<br>(영문 기준) | 티커에 표시되는<br>최대 시간 |
|---|---|---|---|
| 1,000~1,999원 | 파란색 | 0자 | 0초 |
| 2,000~4,999원 | 연한 파란색 | 50자 | 0초 |
| 5,000~9,999원 | 초록색 | 150자 | 2분 |
| 10,000~19,999원 | 노란색 | 200자 | 5분 |
| 20,000~49,999원 | 주황색 | 225자 | 10분 |
| 50,000~99,999원 | 자홍색 | 250자 | 30분 |
| 100,000~199,999원 | 빨간색 | 270자 | 1시간 |
| 200,000~299,999원 | | 290자 | 2시간 |
| 300,000~399,999원 | | 310자 | 3시간 |
| 400,000~499,999원 | | 330자 | 4시간 |
| 500,000 | | 350자 | 5시간 |

후원 금액에 따라 메시지 색깔과 길이, 노출 시간이 달라진다.

　실제로 라이브를 해보면 채팅창의 글을 모두 읽기 어렵다. 참여자들이 많으면 글이 너무 빨리 주르륵주르륵 위로 올라가기 때문이다. 그래서 자신의 글을 크리에이터가 꼭 읽어줬으면 할 때 슈퍼챗을 이용해서 자신의 글을 오래 노출시킨다. 질문에 답을 얻고자 할 때 상담료처럼 후원하는 경우도 있다. 혹은 유튜버에게 명쾌한 답변을 들었을 때 사례의 의미로 후원하기도 하고, 응원의 후원금식으로 보내주기도 한다.

나의 경우에는 아이들을 키우고 있으니 아이들 과자 사주라며 슈퍼챗을 보내주시는 이모, 삼촌 같은 분들도 있다. 아이를 데리고 마실을 나갔는데, 마주친 이웃분이 손에 용돈을 쥐어주며 '이걸로 맛있는 과자 사 먹어~' 하는 느낌이다. 오프라인에서 하던 교류가 온라인으로 옮겨온 격이랄까. 유튜브를 하다보면 이런 재미도 있다.

슈퍼챗 후원은 1,000원에서 50만 원까지 보낼 수 있다. 하루 한도액도 50만 원이다. 여러 크리에이터에게 1,000원씩 500번을 보낼수도 있고, 한 방에 50만 원을 보낼 수도 있다. 슈퍼챗으로 보낸 금액은 크리에이터가 70퍼센트, 유튜브가 30퍼센트를 나눠 갖는다. 시청자가 슈퍼챗으로 1만 원을 후원하면 유튜브가 3,000원을 가져간 뒤 크리에이터에게 7,000원을 보내는 식이다.

## 슈퍼챗은 신뢰의 표시다

슈퍼챗 수익은 구독자수보다는 구독자와의 신뢰 관계가 더 중요하다. 구독자와 얼마나 신뢰를 쌓고 있는지, 구독자들의 니즈를 얼마나 잘 파악하고 그에 걸맞은 콘텐츠를 제공하는지, 그리고 내가 얼마나 많은 사람들에게 영향을 미치고 있는지가 슈퍼챗의 수익을 결정한다.

나는 사실 처음 슈퍼챗을 받았을 때 거부감이 있었다. 돈을 받을 만한 대단한 이야기를 한 것도 아닌데 후원을 해주시니 감사하다며 받아야 할지, 거절해야 할지 당황스러웠다. 물론 이미 들어온 슈퍼챗을 거부할 방법은 없지만 말이다. 당시에는 아프리카TV의 별풍선의 이미지가 좋지 않아서 더 그랬던 것 같다. 아프리카TV의 일부 브이제이VJ들이 별풍선을 받으려고 자극적인 욕설을 하거나 과도한 노출을 하면서 사회적으로 문제가 되었던 적이 있어서다. 실제로 해본 적이 없으니 건전한 콘텐츠로 별풍선을 받는 사람들도 있을 거라는 생각을 못하고 선입견을 가졌다.

이제는 슈퍼챗을 긍정적으로 받아들인다. 내가 올린 콘텐츠가 좋은 영향을 주는 내용이라고 자부하고, 구독자들이 이를 인정해주고 응원해주는 방법이라고 생각한다. 댓글로 감사 인사를 해주실 수도 있고, 어떤 분들은 내가 하는 강연에 참석해주고, 누구는 슈퍼챗을 보내주는 것이다. 각자의 표현 방법이 다른 것이라 이해하게 되었다. 그리고 큰 책임감을 느낀다. 내 콘텐츠를 좋아해주는 분들의 기대를 충족하는 영상을 만들고 그에 걸맞은 행동을 해나가는 게 내가 할 일이라고 생각하게 되었다. 이렇게 생각을 정리하고 나니, 슈퍼챗을 자연스럽고 기쁜 마음으로 받을 수 있게 되었다.

# 연봉 1억이 되니
# 보이는 것들

2018년 말부터 유튜브를 통해 처음으로 내가 주최한 강연을 소개했고 애드센스 외의 첫 번째 주도적인 수입이 생기기 시작했다. 무에서 유를 만들었다는 뿌듯함과 함께, 내가 하고 싶은 일을, 내가 원하는 방식으로 하면서 수입까지 얻었다는 게 자랑스러웠다. 그 와중에도 내가 엄마로서의 역할을 놓지 않고 해왔다는 게 가장 기분 좋은 일이다.

수입은 계속해서 늘고 있다. 한 달에 몇백만 원 수준에서 이제는 1,000만 원이 넘는 수준이 되었다. 어느새 나는 엄마이면서 연봉 1억인 사람이 되어 있었다. 퍼센연봉 1억 원은 전체 인구의 상위 0.8퍼센트(2017년 통계청 기준)에 속하는 높은 소득이라고 한다. 더욱이 이 수치는 개인 소득이 아닌 세대 수입이 기준이라고 하니, 내가 얼마나 놀라운 성과를 짧은 시간에 만들어냈는지 실감할 수 있었다.

더 놀라운 사실은 1,000만 원을 만드니 이제 2,000만 원도 가능하겠다고 생각했고, 프로그램을 추가해서 실제로 2,000만 원도 만들어냈다는 것이다. 정말 멋진 경험이었다. 이런 경험을 하고 나니, 수익은 온전히 내 생각에 달려 있고, 이를 이뤄내는 힘 역시 내 안에 있다는 것을 확신하게 되었다. 모두가 간단한 생각의 전환으로 이룬 것이다. 이루고보니 너무 간단해서 오히려 놀라울 정도였다.

내가 월 1,000만 원의 수입을 만들고 나서 주변에서 그 이상을 버는 사람들을 노하우를 관찰하니, 모두 내가 했던 방법이 담겨 있었다. 나는 왜 이제야 발견한 것일까 하는 생각이 들다가도 이제라도 알게 된 게 감사할 따름이다. 그전에는 연봉 1억이 넘는다고 하면 그저 출중하고 대단한 사람으로만 봤지만 지금은 그저 이 방법을 깨우친 사람이라는 생각이 든다. 그렇기 때문에 그들과 나처럼 누구나 할 수 있는 것이다.


**유튜브는 미래를 빚는 그릇이다**

모든 것은 '생각'으로부터 만들어진다. 학창 시절 미술 시간을 떠올려보자. 찰흙을 주물럭거리며 무엇을 만들까 고민한다. 아무 생각 없이 만들면 절대 작품이 나올 수 없다. 내게 유튜브는 미술 시간에 손에 쥔 찰흙과 같다. 무엇인가 만들고 싶다는 상상을 하고 주물럭

거리고 만들기를 시도하면 그 생각이 찰흙작품처럼 눈앞에 만들어진다.

모든 것은 내 생각에서 나온다. 수입에 차이가 생기는 것은 '생각하는 실력'에 따라 달라진다. 누가 더 큰 생각을 하고 누가 빨리 이를 위한 행동으로 옮기는지에 따라 달라지는 것이다. 이것이 유튜브를 모두가 운영하지만, 각기 성과가 다르고 수입도 다른 이유라고 생각한다.

무엇보다도 엄마들에게 유튜브는 큰 기회다. 내가 가장 자랑스러운 것은 연봉 1억이 아니라 아이 둘을 키우면서, 엄마로서 역할에 스트레스를 받지 않으면서도 내 커리어와 수익을 만들어냈다는 것이다. 내가 했듯이 당신도 일단 시작하고 경험해보기 바란다. 무에서 유를 창조하는 첫 기쁨을 맛보길 바란다. 작은 성공의 경험을 늘려가는 것이다. 시도했다가 성과가 나오지 않더라도 괜찮다. 계속 경험을 쌓고 수정하고 보완하는 것이 가장 빨리 속도를 내며 성과를 만들어내는 길이다.

이즈미 마사토의 『부자의 그릇』이라는 책을 보면 사람의 그릇만큼 돈이 담긴다고 한다. 그릇이 만들어지지 않았는데, 큰돈을 벌게 되면 금새 넘쳐버리고, 그릇이 큰 사람은 결국에 그 그릇만큼의 부가 담긴다고 한다. 그리고 이 그릇은 '경험'을 통해 커진다고 한다. 유튜브를 하면서 월 1,000만 원 이상씩 벌어보고, 매출 100억 원이 넘는 사람들을 직접 만나보니 한 가지 확신이 들었다. 내가, 그들이,

처음부터 대단해서가 아니라 경험을 쌓아나가며 자신의 그릇을 키웠기에 가능했던 일이라는 것이다. 그들은 하나같이 성공이 생각보다 어렵지 않았다고 이야기한다.

유튜브는 아이를 보면서도, 그리고 초기 자본금이 거의 없이 다양한 경험을 쌓을 수 있는 훌륭한 도구다. 리스크가 거의 없다. 결과가 나쁜 건 실패가 아니다. 진짜 실패는 시도하지 못해서 경험조차 쌓지 못하는 것이다.

모두가 처음부터 연봉 1억, 매출 100억을 꿈꾸지는 않을 것이다. 작은 목표부터 시작해보는 것은 어떨까?

'난 반찬비 정도만 벌어도 참 좋겠다.'

'생활비 정도만 추가 수입이 생기면 훨씬 여유로울 것 같아.'

작고 소소한 목표부터 이뤄나가면 유튜브에 큰 재미를 붙일 수 있다. 나 역시 유튜브로 처음 수입이 생겼을 때 양가 부모님께 넉넉하게 용돈을 드리고, 호캉스도 다녀오면서 스스로의 성과를 축하하고 기쁨을 만끽했다. 유튜브를 운영하며 얻은 자신감은 엄마, 아내, 며느리, 딸로서의 역할도 훨씬 만족스럽게 만들었다. 우리에게는 유튜브라는 찰흙이 준비되어 있다. 우리 손으로 빚어낼 미래를 꿈꿔보길 바란다.

# 돈은 신뢰에서
# 나온다

띠링!

"975,800원이 입금되었습니다."

한 달에 한 번 구글에서는 애드센스 광고수익을 입금해준다. 위에 적은 금액은 구독자가 5만 명이 되었을 무렵의 수입이다. 구독자가 늘어나면 금액도 늘어날 거라고 생각했지만 3만 명일 때와 5만 명일 때, 8만 명을 넘은 지금도 여전히 광고수익은 별반 차이가 없다.

이럴 때 위험한 것이 유튜브를 더 열심히 해서 광고수익을 올려 보겠다고 다짐하는 것이다. 아이 둘을 키우는 엄마 입장에서는 말리고 싶고, 애초에 한계가 있는 결심이다. 유튜브 광고수익을 더 올리려면 더 많은 영상을, 더 자주 올려야 하는데 엄마의 삶 속에서는 한계가 있다고 생각한다. 게다가 성공한다는 보장도 없다. 엄마가 건강해야 아이도 건강한 법이다. 삶의 균형을 지키며 길게 유튜브를 운영해야 한다. 하지만 그렇다고 수익을 포기하자는 건 아니다. 돈을 벌고 싶다면 두 가지만 기억하면 된다.

'사람으로부터 돈이 나온다.'
'신뢰를 기반으로 돈이 나온다.'

사람으로부터 돈이 나온다는 의미는 이렇다. 바로 '사람들이 불편해하는 것, 사람들의 고민'을 관찰하고 해결해주는 방법을 찾는 것이다. 여기에 신뢰가 더해지면 돈이 들어온다. 돈을 잘 벌고 있는 사업체나 사람들을 보면 여기서 벗어나는 법이 없다. 나도 이 두 가지를 활용했다.

**불편을 관찰하라**

나는 [재테크를 할 때 기억해야 하는 5가지]라는 영상에서 '빚을 공부하라'고 이야기했다. 그리고 빚을 공부하려면 '경매'라는 커리큘럼이 매우 효과적인 과정이라고 추천했다. 그러자 사람들의 질문이 쏟아지기 시작했다. 경매를 어디서 어떻게 배울 수 있느냐는 질문이 많았다. 나는 주변의 사설경매학원, 온라인 수업, 인터넷 카페 등의 방법을 제시했다. 그러자 이번에는 강의료가 얼마인지, 어느 정도가 적당한지에 대한 질문이 쏟아졌다. 강의료가 수백만 원이라는데 믿어도 되는지 물었다.

사람들의 질문을 관찰해보니, '사람들이 불편해하는 부분과 고민'이 보였다. 사람들은 경매를 공부하기에 믿을 만한 곳인지, 그리고 어느 정도의 비용이 적당한지 불안하고 궁금해하고 있었디. 그래서 만든 게 '레버리지마스터'과정이다. 내가 믿을 만한 선생님을 모시고 수업을 하면 사람들이 안심하고 공부할 수 있겠다는 생각이 들었다. 강의를 개설하고 유튜브로 모집 영상을 올리자마자 이틀 만에 50여 분이 등록해서 마감되었다. 유튜브의 위력을 실감한 순간이었다.

'유튜브마스터' 과정도 마찬가지였다. 나도 유튜브를 시작하면서 많은 영상과 책을 봤지만 내 상황에 딱 맞는 책과 내용은 찾기 어려웠다. 육아와 집안일이 먼저인 내게 시간이 많이 걸리고 어려운 컴퓨터 편집프로그램은 배울 수도 사용할 수도 없었다. 그래서 스스로 핸드폰으로 영상을 찍고 편집해보고, 시행착오를 거치면서 엄마도 할 수 있는 방법을 찾아냈다. 이 경험을 영상으로 소개하니, 내 생각보다 훨씬 더 많은 사람들이 유튜브에 관심이 있다는 것을 알게 되었다. 많은 분들이 본인도 할 수 있다는 용기를 얻었다는 피드백을 주기도 했다. 그런데 어느 날 이런 메일을 받았다.

"전 60대의 은퇴를 한 사람입니다. 유튜브로 제2의 도전을 하고 싶은데, 워낙 컴맹이고, 느린데, 이런 제가 유튜브를 할 수 있는 방법이 없을까요?"

연배가 비슷한 아빠를 떠올려보니 카톡 정도만 겨우 하실 수 있는 아빠 연배의 분들에게 시중의 유튜브 과정은 버거울 것 같았다. 그래서 오직 어르신들만을 위한 가장 친절한 유튜브 과정을 만들었다.

[유튜브마스터-왕초보반] 40대 이상 완전 컴맹만을 모십니다.
영상과 책으로는 혼자 따라 하기 힘든 분들만 오세요.
채널 개설부터 핸드폰으로 찍고, 편집하는 방법을 하나하나 친절하게 알려드리겠습니다.
핸드폰 하나로 유튜브 운영이 가능합니다!

사실 40대 이상으로 적긴 했지만 실제로는 50~60대 분들이 타깃이었다. 하지만 신청자는 20대부터 70대까지 다양했고, 컴맹인 사람들이 주로 찾아온다.

나는 댓글과 구독자들의 피드백을 관찰하고, 그분들의 고민을 해결하는 과정에서 사업을 만들어냈다. 내가 실력이 부족해서 가르칠 수 없었던 경매의 경우 믿을 만한 선생님을 모시고 협업으로 과정을 개설했다. 이때 깨달은 것은 내가 하지 못하더라도 방법을 찾을 수 있고, 수익을 만들어낼 수 있다는 것이다. 그래서 중요한 것이 '능력'이 아니라, '사람들의 고민과 불편함을 보는 눈'이다. 이를 관찰하고, 해결할 방법을 찾고, 사람을 연결하면 되는 것이다. 정말 훌륭한 사업시스템이다.

이렇게 해결 방법을 만들었다면 이때 가장 중요한 것이 있다. 바로 '신뢰'다. 사람들은 내가 만드는 강의프로그램에 신뢰를 보내며 선택한다. 게다가 경매 과정은 내가 직접 가르치는 게 아닌데도 많은 분들이 선택했다. 그동안의 나의 모습을 신뢰하기 때문에 내가 선택한 강사님과 수업 과정에도 신뢰를 보내주는 것이다. 정말 엄청난 일 아닌가?

## 일관성으로 신뢰를 쌓는다

유튜브는 사람들의 신뢰를 쌓을 수 있는 매우 훌륭한 도구다. 유튜브처럼 다각도로 나의 모습을 내보일 수 있는 플랫폼이 있을까 싶다. 유튜브를 통해 자신이 신뢰할 수 있는 사람이라는 걸 보여줘야 한다. 신뢰는 어떻게 쌓을 수 있을까? 신뢰는 '일관된 모습'에서 나온다. 성실하고 진실된 모습으로 일관되게 영상을 업로드하면서 신뢰를 쌓아가는 것이다. 여기에 자신이 가진 능력과 실력, 겸손함을 더해간다. 그렇게 조금씩 조금씩 나를 신뢰하는 사람들을 늘려나가는 것이다. 이것이 영상 개수를 늘리고 핫한 키워드를 찾는 것 이상으로 중요한 것이라 생각한다.

신뢰를 쌓아가면서 동시에 사람들과 소통하고 그들이 가진 불평, 불만, 고민거리가 무엇인지 계속 관찰한다. 댓글을 살펴보고, 직접 대화도 해보면서 그들이 불편한 부분을 발견하고, 이를 내가 어떻게 해결할 수 있을지 고민해보는 것이다. 자신이 직접 할 수 있는 것이라면 실행이 더욱 빠를 것이고, 자신의 역량이 모자라다면 포기하지 말고 이를 해결해 줄 수 있는 마땅한 사람을 찾아 도움을 요청하면 된다. 그리고 이를 통한 만남, 함께 보내는 시간 동안 더욱 신뢰를 공고히 할 수 있도록 최선을 다한다. 이를 반복해나가는 것이다. 신뢰를 쌓으려면 많은 노력이 필요하다. 유튜브에 영상을 올리고, 채널을 운영하는 행위 자체가 신뢰를 쌓는 일이다. 조회수, 구독자수보다는 '신뢰를 만들어간다'는 생각을 우선하고 채널을 운영하길 바란다. 구독자수가 적더라도 신뢰만 얻을 수 있다면 정말 많은 일을 할 수 있다.

# 유튜버는
# 1인사업가다

2009년도에 첫 책을 출간했다. 그해에는 무려 두 권의 책이 세상에 나왔는데, 그중 하나는 꽤 오랜 기간 경제경영분야 베스트셀러에 올라갔다. 책을 쓰기 전까지는 베스트셀러가 되는 기준과 수익이 궁금했다.

그리고 드디어 첫 인세가 통장에 들어온 날! 무려 1,000만 원이 넘는 금액이 통장에 찍혀 있어서 깜짝 놀랐던 기억이 있다. 직장에 다니던 시절 받았던 월급의 몇 배가 한 번에 들어온 것이다. 첫 인세로 무려 1,000만 원이 넘게 들어오자, 나는 정말 금방이라도 부자가 될 것 같았다. 이어서 수많은 곳에서 인터뷰와 강연 요청도 들어오기 시작했다. 강연 수익은 상황마다 달랐지만, 대기업이나 큰 곳에서 강연을 하면 한 번에 몇백만 원을 받기도 했다. 하지만 이 기쁨은 오래가지 않았다. 시간이 흐르자 책 판매가 급감했고, 인세도 줄었다. 강연 요청도 순식간에 사라졌다. 비슷한 시기에 낸 다른 한 권은 2쇄를 찍지도 못하고 시장에서 사라졌다. 책을 내서 부자가 되는 게 정말 어려운 일임을 실감했다.

이때 책을 쓰면서 깨달은 게 하나 있다. 책 한 권을 내려면 엄청난 시간과 노력이 들어가는데 베스트셀러가 될 확률은 희박하고, 수익을 늘리기 위해 저자가 할 수 있는 건 한계가 있다는 것이다. 물론 사회적으로 저자로서 인정받고, 타이틀이 생기고, 나의 이야기를 세상에 남기고, 사람들에게 도움이 되었다는 나름의 충족감과 같은 가치는 제외한 이야기다. 결국 온전히 작가로 먹고살려면 서점을 휩쓸 정도로 엄청난 베스트셀러를 출간하거나 아니면 끊임없이 책을 내야 한다는 결론에 이르렀다. 하지만 현실은 2쇄도 못 찍고 사라지는 책들이 대부분이었고, 책을 내고 싶다고 내 마음대로 여러 권을 낼수도 없었다. 나는 내가 컨트롤할 수 없는 수익은 한계가 있고, 어렵다는 것을 알게 되었다.

### 직장인 마인드에서 벗어나라

한번은 텔레비전 방송에 유명 유튜버들과 함께 초대되어 출연한 적이 있었다. 그들은 구독자로 따지면 나보다 적게는 4배, 많게는 50배나 차이가 났다. MC가 초대된 유튜버들에게 수익을 물어봤다. 그

때 나보다 구독자가 4배 많았던 크리에이터는 오히려 나보다 수익이 적었다. 나보다 50배나 구독자수가 많았던 크리에이터 역시 내 생각보다는 수익이 높지 않았다. 왜 그럴까?

대부분의 유튜버들은 애드센스와 협찬이 주 수입원이기 때문이다. 그래서 수익을 늘리려면 '구독자와 조회수를 늘려야 한다'는 결론을 내리게 된다. 더 많은 시간을 투자해서 더 많은 영상을 만들어내고, 더 긴 시간을 편집과 영상 준비에 쓴다. 점점 더 바쁘고, 힘들어진다. 사업가적인 생각과 준비가 없다면 분명 수입에 한계가 있을 수밖에 없고, 에너지가 고갈되어 지치는 순간이 오게 된다. 어느 날 에너지와 체력이 고갈되어 영상 업로드가 주춤하면 수익이 줄어드는 악순환에 빠진다.

유튜브를 시작했다면 이젠 1인사업가가 되었다고 마음먹어야 한다. 유튜브가 사업인 것이다. 그래서 사업가적인 마인드를 갖춰야 한다. 내가 일한 만큼 정확하게 매달 월급(애드센스 광고수익)이 나오고 이를 더 받기 위해 야근을 하는 직장인의 마인드에서 벗어나길 바란다. 유튜브에 사업가적인 마인드가 더해지면 구독자수와 크게 상관없이 놀라운 가치를 창출할 수 있다.

나는 구독자가 3만 명이 채 안 되었을 때부터 유튜브를 이용해서 월수입 1,000만 원 이상을 벌기 시작했다. 내가 주도적으로 강연 프로그램을 만들고, 굿즈를 만들어보는 등 여러 가지 시도를 했기 때문이다. 나는 엄마이고, 유튜버이고 동시에 사업가라고 생각한다.

나는 가능하면 삶에 있어서 수동적인 위치에 서지 않으려고 노력한다. 주도적이고 능동적인 위치에 서겠다고 늘 다짐하는 것이다. 유튜브도 마찬가지였다. 수동적인 애드센스 대신 어떻게 하면 주도적인 수익을 만들어낼 수 있을까 고민하고 연구했다. 그 덕분에 빠르게 성과가 나왔다고 생각한다. 전략적으로 유튜브를 활용해서 주도적으로 수익을 창출할 계획을 세울 필요가 있다. 더욱이 시간과 에너지의 한계가 명확한 엄마라면 더더욱 필수로 노력해야 하는 부분이다. 주도적으로 추가적인 수익을 어떻게 만들어나갈지를 고민하고 시도해봐야 한다.

# 10만 원부터
# 만들어보자

　유튜브를 통해 수익을 내는 가장 빠르고 쉬운 방법 중 하나는 자신의 경험과 노하우를 알려주는 과정을 만들어 사람들을 모으는 것이다. 보통 채널을 운영하다보면 자신만의 스토리가 담기게 된다. 노하우가 있을 수도 있고, 경험으로 알게 된 내용도 있을 것이다. 이를 상품으로 만들어 판매해보는 것이다.

　'유튜브마스터' 과정에 참여했던 한 분은 50대인 자신의 채널 구독자를 대상으로 또 다른 유튜브 수업을 마련했다. 비슷한 연령이었던 구독자들이 유튜브를 시작하기 전에 어떤 두려움을 갖고 있는지 잘 알고 있었기 때문에 수업을 만들 수 있었다. 서울에 오기 힘든 지방 사람들을 대상으로 유튜브 수업을 만든 분도 있고, 농부들을 위한 맞춤 유튜브 수업을 개설한 농부유튜버도 있다. 비슷해 보이는 유튜버 수업일지라도 타깃을 정확히 하고 약간의 차별성을 가지는 것만으로도 사람을 모으고 수익을 창출할 수 있다.

또 다른 엄마유튜버는 오전과 낮 시간에 엄마들을 모아 자기계발 모임을 시작했다. 함께 책을 읽고 소감을 나누기도 하고, 함께 목표를 이루도록 하는 모임을 이끌고 있다. 수익도 수익이지만 그 자체가 삶의 재미와 행복을 더해주었다고 했다. 그 외에도 요리나 베이커리, 미술 등 자신이 알려줄 수 있는 여러 가지 취미나 재능을 유튜브에 공개한 후, '원데이클래스'와 같은 수업을 만들어 수익을 내는 사람들도 있다.

먼저 10만 원부터 만들어보자. 자신만의 상품이나 서비스를 기획해서 사람을 모아보는 것이다. 그 상품이나 서비스가 돈을 받기에는 부족하다고 생각된다면 실력을 쌓느라고 시간을 보낼 게 아니라 무료로 시작해보자. 일단 경험을 해봐야 한다. 그러고는 그 경험과 피드백을 통해 점차 완성도를 높여 나가면 된다. 긍정적인 반응을 얻어내면 스스로에게 자신감이 생기고 가치도 올릴 수 있게 된다.

처음부터 100만 원, 1,000만 원을 목표로 하면 자신감도 없어지고 도통 그림이 그려지지 않을지 모른다. 하지만 10만 원이라는 목표는 충분히 해볼 만하다. 회비 2만 원짜리 모임을 만들어서 5명을 목표로 모집해본다면 어떨까? 이때 계산기를 두드리지 않기 바란다. 초기에 무료나 아주 적은 금액으로 어떤 수업을 만들었다고 가정해보자. 너무 저렴한 금액 덕분인지 여러 명이 참가했다고 치자. 나는 최선을 다해 준비하고 수업을 진행했고, 사람들이 만족했다. 계산기를 두드려보면 수익은 너무 미미하고, 내가 이를 위해 투입된 시간과 노동력은 너무 크게 느껴져서 힘이 빠질 수 있다. 그런데 사실은 그렇지 않다. 이 경험을 통해 내가 만든 수업이 다음에 더 높은 가격을 받아도 되겠다는 확신과 자신감을 줄 수 있는 것이다. 스스로가 확신하고, 가치를 부여할 수 있게 되면 결국 타인도 그 가치를 인정해준다. 대부분은 스스로부터가 확신을 갖지 못해서 높은 가치를 얻지 못하는 것이다.

### 소비자에서 생산자가 되어보자

10만 원을 만드는 데 성공했다면 이제 이 금액을 늘려나갈 방법을 고민해보면 된다. 이 역시 간단하다. 제품이나 서비스의 금액을 높이거나 이를 구매하거나 참가하는 사람의 수를 늘리는 것이다. 서비스의 질을 높이는 방법, 시간을 늘리는 방법, 성과를 더 크게 보이게 하는 방법, 또는 한 번에 많은 사람들이 참여 가능한 수업이나 서비스를 기획하는 등 생각을 확장하고 시도해보는 것이다.

그래서 처음에 10만 원을 만들어내는 것이 매우 중요하다. 무에서 유를 만들어내는, 그리고 그 힘이 자신에게 있다는 것을 깨닫는 아주 소중한 경험이다. 10만 원을 만들었다면 이제 100만 원, 1,000만 원도 충분히 만들 수 있다. 만약 프로그램을 만들었는데 수강할 사람이 없다면 취소하면 된다. 그리고 그 경험을 토대로 수요에 더 잘 맞는 프로그램을 만들면 된다. 모집 글을 쓰고, 영상을 만드는 데 들이는 에너지 말고는 손해날 게 없다. 리스크 없이 사업을 할 수 있게 해주는 플랫폼! 얼마나 매력적인가. 시도하지 않을 이유가 없다. 계속 수정하면서 성과가 나올 때까지 계속 시도해 보는 게 중요하다.

'이렇게 하면 좋지 않을까, 사람이 올까 안 올까' 하고 수백 번을 머릿속에 그려봐도 한번 해보는 것만 못하다. 자신이 그 분야에서 최고가 아니라도 상관없다. 남보다 한 걸음만 앞서 경험한 게 있다면 그 보폭만큼만 알려주면 된다. 평범한 경험이라 할지라도 만남과 소통의 자리를 만들 수 있는 능력이 있다면 가능한 일이다. 나보다 그 경험이 부족한 사람을 찾으면 된다. 한 걸음을 먼저 가본 사람들에게 배우려는 분들도 많다. 좋은 사람과 만나 소통하고자 하는 분도 있다. 그들을 모으는 일부터 시도해보자. 우리 엄마들도 소비자에서 생산자가 되고, 주도적인 위치에 서는 멋진 경험을 해보길 바란다.

# 내 가치는
# 내가 결정한다

'저희는 ○○기관입니다. 강연 요청을 드립니다. 강연을 원하는 날짜는 ○○월 ○○일 ○○시부터 약 두 시간이고, 비용은 ○○만 원을 예상하고 있습니다. 주제는 ○○로 해주셨으면 좋겠는데요. 가능하신지 여쭙습니다.'

강연 요청 메일은 보통 이렇게 시작된다. 이런 메일을 받으면 내가 할 수 있는 결정은 그때 시간을 낼 수 있는지와 그 금액을 받고 강연을 할지 말지 외에는 없다. 시간을 내 마음대로 정할 수도 없고 강의료 조정도 어렵다. 나는 늘 수동적인 입장에서 수용할 수밖에 없는 위치여서 답답했다. 이런 상황은 비단 나뿐만은 아닐 것이다.

한 프리랜서 웹디자이너가 있었다. 그는 열심히 홈페이지를 만들었다. 다른 디자이너에 비해 더 공을 들이고 완성도 높은 작업물을 제공했다. 이 사람과 거래한 업체는 매우 만족했다. 디자이너는 점점 자신의 가치가 높아질 것이라 기대했다. 하지만 몇 년 동안 작업비는 변동이 없었다. 사람들은 보통 자신의 가치를 다른 사람이 합리적으로 결정해줄 거라고 생각한다. 그래서 묵묵히 그들이 합당한 가치를 책정해주기를 기다리지만, 그런 때는 좀처럼 오지 않는다. 그러다 시간이 한참 지나버리면 이제는 지쳐서 이전만큼 업무성과가 안 나오거나 다른 젊고 열정 넘치는 사람에게 밀리게 된다. 대부분은 이런 패턴이 아닌가 싶다.

물론 상황에 따라서는 업무성과에 맞는 합리적인 대우를 해주는 곳도 있을 것이다. 하지만 대부분은 그렇지 않다. 그래서 나는 내 가치를 타인이 아니라 내가 정해야 한다고 생각한다. 예전에는 어려운 일이었지만 지금은 가능하다. 유튜브를 통해 나의 가치를 발견하고, 나의 가치를 스스로 높여나가보는 것이다. 이 과정이 너무 의미 있고 행복하다. 예를 들면 일단 내가 하고 싶은 강연을 내가 만든다. 내가 원하는 날짜와 장소, 시간을 정해서 유튜브로 알리고 모집한다. 강의료도 내가 정할 수 있다. 업체에서 연락이 올 때는 내 쪽에서 금액을 먼저 이야기하고, 내가 원하는 방향으로 조율하고 있다. 주도권은 내 손에 있다고 생각하고, 나의 가치를 올린다.

자신의 가치는 자기 스스로 올려야 한다. 다른 사람은 설령 내 가치를 알고 있다고 하더라도 절대로 그 가치에 맞는 돈을 관대하게 지불하지는 않는다. 돈이 걸리면 확실하게 태도를 확인할 수 있다. 나는 유튜브를 통해 다양한 제안을 받고 있다. 나는 그럴 때마다 나의 가치를 올리려는 시도를 해본다. 물론 내가 원하는 대우와 요청 사항이 상대방의 상황이나 생각과 달라서 성사되지 않는 경우도 많다. 그럴 때는 다시 가치를 낮춰 상대의 요구에 응할 것인가, 아니면 나의 가치를 인정해주는 다른 사람을 기다려볼 것인가 선택해야 한다. 당신은 어떤 선택을 할 것인가?

나의 경우 나 자신의 가치를 믿고, 지금의 이득보다는 멀리 보는 선택을 하려고 노력한다. 그렇게 거절에도 익숙해진다. 몇 번 거절을 당하더라도 꿋꿋하게 나의 가치를 믿고 영상을 꾸준히 업로드하고, 갈 길을 가다보면 결국 그 가치를 인정해주는 사람을 만나게 되더라. 나의 가치는 내가 결정해야만 한다는 것을 항상 경험하고 있다.

# 제5장

# 초보 유튜버를 위한
# 운영 마인드

# 채널은
# '기브 앤 테이크'다

'이기적利己的'이라는 것은 '자기 자신의 이익을 꾀하는 것'이라고 사전에 적혀 있다. 나는 우리가 자신의 이익을 위해 선택하는 이기적인 존재라고 생각한다. '이타적 이기주의자' 라는 말도 들어보았을 것이다. 타인에게 이득이 되는 일, 타인을 위하는 행동을 하더라도 그 안에 자신의 이기적인 마음도 있다는 것이다. 뭐든 좋다. 나는 크리에이터와 시청자 모두 자신의 이익을 위한 선택을 하고 있다는 것을 강조하고 싶다. 내가 원하는 어떤 것을 찍고, 말하며 유튜브를 시작했다. 그런데 조회수가 나오지 않는다고 불평하는 사람들을 보았다. 그럼 나는 묻는다.

"시청자가 그 영상을 왜 봐야 하죠? 시청자에게는 어떤 이득이 되는 영상인가요?

영어에는 'give and take'라는 말이 있다. 우리말에는 '주고받다'라는 말이 있다. 재미있는 것은 모두 '주다'는 행위가 먼저고 받는 행위가 뒤에 나온다는 것이다. 현실에서 우리는 먼저 받으려고 하는 경우가 많다. 이럴 때 먼저 '주는' 행위를 한다면 어떻게 될까? 관계 맺기가 훨씬 쉬워질 것이다.

내가 하고 싶은 것, 나를 위한 유튜브 채널에서 결국엔 시청자에게 무엇을 줄 것인가로 관점을 바꿔야 한다. 모든 인간관계가 그렇듯 시청자 역시 무언가 이익이 되는 게 있어야 관계를 맺고 싶어진다. 이를 기억하면 채널 방향이 보다 명확해지고 영상을 어떻게 찍을 것인지에 대한 답을 얻기 쉬울 것이다. 크리에이터는 결국 먼저 시청자가 원하는 것을 줄 수 있어야 한다. 시청자들은 자신에게 이득이 되는 영상인지 판단하고 클릭하고 선택하게 된다. 그 이득은 여러 가지가 될 수 있다.

지식, 정보, 재미, 힐링, 위로, 따뜻함, 공감, 용기…

자신이 좋아하고 구독하고 있는 채널들을 떠올려보자. 당신은 왜 그 채널을 구독하고 있는가? 대부분의 인기 채널들은 '주는 것'이 명확하다. 이번엔 자신의 채널과 영상을 떠올리고 같은 질문을 해보자. '나의 채널은 무엇을 주고 있지?' 만약 명확한 무엇이 떠오르지 않는다면 앞으로는 '줄 것'을 명확히 할 필요가 있다. '이번 영상은 무엇을 줄 수 있는가' '내 채널을 통해 결국 시청자는 무엇을 얻어갈

수 있는가?'를 끊임없이 질문해야 한다. 이처럼 영상 하나하나마다
'줄 것'이 명확해야 한다. 먼저 줄 수 있다면 결국엔 내가 원하는 것
을 받게 될 것이다. 자아실현, 수익, 재미, 정보축적, 홍보 등 받고자
하는 것이 그 무엇이든 간에 먼저 주면 받을 수 있다. 확실히! 많이!
주자. 다음과 같이 정리해보는 것도 도움이 될 것이다.

---

**Q** 이 영상으로 사람들에게 무엇을 줄 수 있지?

**A1** 사회 초년생들이 재테크를 어떻게 시작할지 막막할 때 방향 설정에
도움이 될 수 있어.

**A2** 나 같은 기계치들이 유튜브를 겁내지 않고 접근할 수 있도록 용기를
줄 수 있어.

---

**Q** 당신의 채널은 사람들에게 무엇을 주고 있는가?

**A** 정보, 위로, 힐링, 소통, 공감, 따뜻함, 재미, 희망…
(최소 한 가지 이상 명확한 답이 나오도록 하자.)

---

# 스스로를
# 고용하라

유튜브는 나에게 하루의 목표를 주었고, 시간 배분의 필요성을 느끼게 해주었다. 유튜브의 가능성이 커지고 확신도 생기기 시작하자, 이제 나는 크리에이터, 유튜버로서의 직업을 얻은 느낌이다. 물론 누가 강제하는 출퇴근시간이 없고, 프리랜서 개념이었지만, 그렇기 때문에 더 스스로 목표를 정확하게 세우고, 시간을 잘 배분하려고 노력한다. 나는 매달 시작하기 전에 유튜브에 대한 간단한 목표를 세우고 있다. 눈에 잘 띄는 탁상 달력에 적어놓고, 지키려고 노력한다.

| 1월 | 유튜브 영상 10개 |
| --- | --- |
| | 구독자 45,000명 달성 (2,000명 추가) |
| | 원고 쓰기 20개 |

이렇게 매우 간단히 적는다. 이달에 업로드할 영상 개수와 구독자 목표, 추가적인 일의 목표도 적어두고 늘상 바라보며 상기하는 것이다. 내 경우 일주일에 두세 편 정도가 삶의 균형을 맞추면서도 성과를 낼 수 있는 적정 개수라고 결론 내렸다. 그래서 이 정도를 우선 목표로 한다. 나는 지금 육아가 삶의 우선순위라고 했다. 그래서 목표를 정할 때 일주일에 삼사 일, 하루 두세 시간 정도만 투자하면 이룰 수 있도록 계획하지만, 계획을 세운 후에는 커다란 책임감을 갖고 이를 지키려고 노력한다.

유튜버는 눈에 보이는 직장도 아니고, 일을 시키는 상사도 없기 때문에 스스로 책임감을 갖고 꾸준히 진행하기가 어렵다. 자유로운 것이 최고의 장점이지만, 따라오는 책임감에 대해서는 소홀한 사람들도 많아 보인다.

나는 가능한 목표를 세우고, 반드시 지키려고 한다. 영상을 찍겠다고 다짐한 날은 설거지가 쌓여 있고, 거실 바닥엔 물건들이 잔뜩 널려 있고, 세탁기도 돌려야 하는 상황이라도 먼저 촬영부터 했다. 집안일 앞에서 눈을 감아버린다. 이 일이 끝날 때까지 다른 일을 하지 않겠다고 결심한다. 이렇게 하지 않으면 다시 눈앞에 급한 일들,

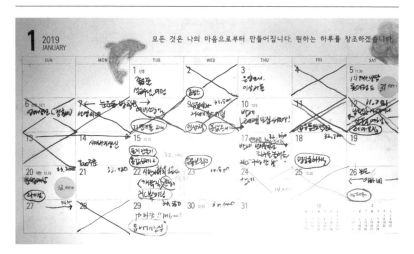

그날의 목표를 이루면 달력에 줄을 긋는다. 이걸 보면서 동기부여를 하고 스스로를 칭찬한다.

갑자기 생기는 일들을 처리하느라 결국 유튜브 촬영은 다시 내일로 미뤄지게 된다.

회사처럼 정시에 출근해서 정해진 일을 하는 게 아니니 스스로 일에 중요성을 부여하고, 그만큼 굳은 결심이 필요하다. 스스로를 고용하고, 정확한 업무와 목표치를 부여해 보는 것이다. 하루 종일 집중할 시간이 거의 없으니 한두 시간, 또는 30분 동안 집중해서 해낼 수 있는 그날의 목표치를 만들고 실행하는 것이다. 그러고는 그날의 목표를 이루면 달력에 줄을 긋는다. 하루하루 줄이 쳐지는 달력을 보면 더 동기부여가 되고, 스스로를 대견하다고 칭찬하게 만들어주더라. 그렇게 나는 작은 성공의 경험을 쌓으면서 자신감을 얻고 나름의 성과를 만들어내고 있다.

## 소사장소피아의 목표 설정 & 성과내는 법

**1** 한 달치 목표를 세워요.

**2** 목표치를 세분화해서 일주일과 하루치의 할당량을 만들어요.

**3** 이때 목표는 충분히 해낼 수 있을 정도여야 해요.
그래야 오래할 수 있어요.(+지속가능한지 체크!)

**4** 하루에서 가장 이른 시간에 가장 먼저! 중요한 일을 처리해요.(우선순위!)

**5** 급한 일보다 중요한 일(우선순위가 높은 일)을 먼저 하고,
끝내기 전까지는 다음 일을 절대 하지 않아요!

**6** 남은 시간에 집안일(급한 일)을 처리해요.

**7** 아이들이 오면 다시 오지 않을 소중한 시간임을 기억하고,
아이들과 가족에게 집중해요.

만약 오늘 해야 할 일을 끝내지 못했다고 해도 이 일을 하루 종일 붙들고 있지는 마세요. 하루 종일 뭔가 끌려다니는 느낌이 좋지 않을 거예요. 그 날은 잊고, 내일부터 다시 시작한다고 생각하고 오늘은 집안일과 가족에게 다시 집중하세요. 대신 이를 반성하면 아마 다음 날은 최우선으로 그 일을 하게 될 것이고, 성공한 경험이 하루하루 쌓이면서 자신의 패턴이 만들어질 거예요.

# 망한 영상도
# 필요하다

나는 남편과 웨딩숍을 약 6년간 운영했다. 웨딩드레스를 저렴하게 판매하는 사업이었다. 하지만 우리나라에서는 웨딩드레스는 빌려 입는 것이라는 인식이 뿌리 깊다. 이런 인식을 바꾸기 위해 노력하는 한편, 외국의 판매처를 찾으려고 많은 노력을 기울였다. 그래서 외국에서 열리는 웨딩박람회에 많이 참가했다.

첫 박람회는 도쿄웨딩박람회였다. 돈이 없어서 반 평 남짓한 반쪽짜리 부스를 빌려 박람회를 준비했다. 우리는 가게에서 가장 예쁜 드레스 여섯 벌을 고르고, 가장 예쁜 웨딩슈즈 다섯 족, 그리고 가장 예쁜 액세서리 대여섯 개를 준비해서 박람회에 참석했다. 보통 전시회 전날은 자신의 부스를 꾸미고 준비하는 날이다. 우리는 부스도 작고, 물건들도 얼마 없으니, 금방 준비를 끝냈다. 그에 비해 우리 건너편에 있는 업체는 부스 두 개를 빌려 드레스를 족히 100벌은 준비해왔다. 그런데 내가 보기에 그들이 가져온 드레스는 어쩜 그렇게 하나같이 촌스러운지 몰랐다. 이 업체를 보면서 우리는 자신만만했다. 우리 부스는 매우 작고, 가져온 물건 개수도 적었지만, 우리 물건이 훨씬 예쁘고 퀄리티와 가격 모두 좋았기 때문이다. 우리는 정리가 끝날 기미가 안 보이는 그들을 안쓰럽게 보며, 일찍 퇴근하고 자신 있게 다음 날 열리는 웨딩박람회를 기다렸다.

박람회 첫날, 나는 사람들의 눈길을 끌기 위해 한복까지 예쁘게 갖춰 입고 우리 부스 앞에 섰다. 그곳에서 유일한 한국 기업이었기 때문에 나름의 마케팅 전략이기도 했다. 인사도 열심히 하고, 우리 부스에 사람을 끌기 위해 노력을 많이 했지만, 사람들은 우리에게 눈길조차 주지 않았다. 결과는 처참했다. 웨딩박람회 기간 4일 동안 단 한 개의 물건도 판매하지 못한 것이다. 바이어도 관심을 주지 않았고, 일본 신부들도 외면했다. 야심차게 참가한 첫 박람회는 그렇게 좌절로 끝났다. 더 놀라운 건 우리 앞에 판을 벌인 업체에는 사람이 끊이지 않았고 정말 많은 드레스를 판매했다는 사실이다. 저기보다 우리 물건이 더 좋은데 눈길도 주지 않고 가버리는 일본 신부들이 야속하기만 했다.

그 이후로 우리는 다음 박람회를 칼을 갈며 준비했다. 이번에는 말레이시아였다. 다행히 정부 지원을 받게 되어 운송료와 부스료 후

원을 받게 되었다. 총알에 여유가 생겨서 이번에는 부스를 두 개 빌렸다. 이번엔 가게에 있는 거의 모든 물건을 바리바리 싸 들고 갔다. 디스플레이는 일본 박람회 때 우리 건너편에 있었던 일본 회사의 방식을 그대로 따랐다. 이번에는 어땠을까? 말레이시아 박람회에서 가장 주목받는 부스가 되었다. 판매도 많이 되었고 바이어와 유의미한 상담도 많았다. 사람들이 끊임없이 방문해서 물건을 구경하고, 사 갔다. 반응이 좋으니까 그렇게 재미있을 수 없었다.

## 채널도 구색을 갖추어야 한다

우리는 처음에 왜 실패했을까? 바로 물건의 양이 문제였다. 구체적으로 말하면 구색을 갖추었냐가 결정적이었다. 사실 인기 있는 제품은 거의 정해져 있다. 그렇다고 그 제품만 진열하면 안 된다. 너무 썰렁해보인다. 아무리 예뻐도 비교할 게 없으면 그다지 예뻐보이지 않는 것이다. 사람들은 들어와 보지도 않고 '저긴 뭔가 없어 보이네?' 하면서 발길을 다른 부스로 돌리게 된다. 내가 가진 좋은 물건을 돋보이게 하려면 그 물건을 돋보이게 해줄 구색을 갖추어야 한다는 것을 알게 되었다.

유튜브도 결국 장사와 마찬가지다. 유튜브라는 플랫폼(시장)에 자신의 영상(상품)을 더 많이 보도록(소비) 노력해야 하는 것이다. 유튜브에는 몇 개의 멋진 영상들이 있어도 구색이 갖춰지지 않은 채널들이 있다. 조회수는 높아도 구독까지 연결되기는 어렵다. '구독'

이라는 행위는 앞으로 채널의 다른 영상들도 보겠다는 의미다. 구독자 입장에서는 꽤 신중한 결정이라고 할 수 있다. 영상 하나가 마음에 들어서 다른 게 뭐 있나 하고 클릭해서 채널에 들어갔는데 영상 개수가 별로 없다면 굳이 구독까지 하고 싶지는 않을 것이다. 그래서 유튜브도 나름의 구색을 갖출 필요가 있는 것이다.

그럼 유튜브에서는 어떻게 구색을 갖출 수 있을까? 우선 영상 개수가 많이 필요하다. 그런데 초보 유튜버일수록 자신의 기대치와 진짜 실력 사이에 큰 차이가 있다. 영상 하나하나에 공을 들이면서 오래 찍고 편집한다. 다른 크리에이터의 영상을 보면서 눈은 높아졌는데 경험은 부족하니 자기 성에 차는 영상을 만드는 데 너무 오랜 시간을 쏟는다. 그래서 편집을 하고 또 하고, 업로드했다가도 자기 실력이 조금 높아지면 이전 영상이 부끄럽다는 이유로 삭제하기도 한다.

내가 강조하고 싶은 건, 우선 어느 정도 영상 개수가 쌓일 때까지는 퀄리티보다 양에 집중하라는 것이다. 아무리 예뻐도 드레스가 한두 벌만 걸려 있으면 사람들이 구경하러 오지 않는다는 걸 기억하길 바란다. 자신의 눈높이에 한참 못 미치는 영상이라도 필요하다. 그 위에 점점 예쁘고 화려한 드레스를 추가해나가는 것이 중요하다.

# 장점에 집중해서
# 자신감을 담아라

　한번은 사람들을 모아 놓고, 자신의 장단점을 적어보는 시간을 가졌다. 가장 많이 쓴 사람은 몇 개를 썼을까? 20개였다. 나는 이것을 보고 두 번 놀랐다. 하나는 대부분의 사람들이 자기 장점을 고작 20개도 못 적는 것에 놀랐고, 다른 하나는 그들이 적은 장점의 내용 때문이었다. 사람들은 자신의 장점에 대해 아주 엄격하고 인색한 기준을 갖고 있었다. 누가 봐도 확실히 인정할 수 있는 것만 장점으로 내세우고 있었다.

　그에 비해 단점은 어땠을까? 너무나도 사소한 것들까지 나열하면서 자신의 단점으로 꼽았다. 자기가 말하지 않으면 상대방이 절대 모를 만한 내용도 자신의 단점으로 단정하고 열거하면서 자신의 부족함을 열심히 설명하는 사람들도 있었다. 자신의 장단점을 인식하는 데 있어서 너무도 극명한 태도의 차이가 있었다.

겸손한 것은 좋지만 자신의 단점을 지나치게 의식하다 보면 어떤 행동을 할 때 주저하게 되고 자신감이 떨어진다. 유튜브를 할 때도 마찬가지다. 특히 처음 카메라 앞에 서서 이야기를 해보면 자기 단점이 더 두드러지게 느껴진다. 자기의 기대치는 말 잘하는 유명 유튜버들에 맞춰져 있는데 막상 자신은 말도 더듬고, 우물거리고, 해야 할 말을 까먹고, 시선 처리도 어색하기만 하다. 겨우 촬영을 마친 다음에 편집하려고 영상을 돌려보면 더욱 좌절한다. 내 영상은 왠지 횡하고, 디자인 감각도 없어 보이고, 추가하고 싶은 기능은 도통 어디를 눌러야 할지 모르겠고, 하나부터 열까지 막막하고 마음에 들지 않는다. '나는 유튜브하곤 안 맞는구나'라는 생각을 하면서 자신감이 바닥까지 떨어지는 순간이 온다.

나도 이런 상황을 겪었다. 그래서 늘 이렇게 조언한다.

"이제부터는 장점에만 집중해보세요. 단점을 고치고 개선하기보다는 장점을 더 개발하고 극대화해보세요!"

성공한 사람들, 성과를 내는 사람들을 관찰해보니, 그들은 단점이 없는 것이 아니라 자신의 장점을 극대화하는 방법을 아는 사람들이었다. 보통 사람들보다 단점이 더 큰 사람들도 있지만 그들은 단점을 개선하고 고치는 데 들일 에너지를 장점을 개발하고 표현하는 데 쏟았다.

## 단점도 경쟁력이 된다

엄마가 되어보니 똑같은 환경이라도 두 아이가 다르게 행동하고, 가르친 적도 없는 습관이 불쑥 튀어나오는 것을 보게 된다. 이럴 때면 '사람의 본성'이 있다는 걸 인정하지 않을 수 없다. 물론 어린아이기 때문에 나쁜 습관은 고쳐주고, 좋은 습관을 들이도록 노력하고는 있지만 타고난 성향은 어린아이라도 고치기 쉽지 않다는 것을 느낀다. 하물며 성인들은 오죽 어려울까.

단점을 써보라고 했을 때 깨알같이 적어낸 단점들은 아마 평소에도 신경 쓰면서 지금까지 나름 고쳐보려고 여러 시도를 해왔을 가능성이 크다. 그럼에도 여전히 고치지 못했다면 이젠 그냥 받아들이는 게 낫지 않을까? 늘 시간이 부족하고, 높은 효율이 필요하고, 스스로 자존감도 챙겨야 하는 엄마유튜버 입장에서는 더더욱 다른 전략이 필요하다. 단점은 더 이상 생각하지 말고, 오직 내 장점에만 집중해보자.

우리 엄마들이 갖고 있는 장점은 무엇인가? 꼭 작성해보길 바란다. 몇 가지를 썼는지 개수도 세어보라. 생각보다 적은 개수가 나왔다면 올해가 끝나기 전까지 한 페이지를 가득 채우겠다고 결심하고, 계속 장점을 찾아보자. 나는 모든 엄마들이 페이지를 가득 채울 만큼 수많은 장점들을 갖고 있다고 생각한다. 그리고 나 역시 내 장점을 한 페이지 가득 적을 수 있다. 나는 이렇게 적는다.

'긍정적이다' '오지라퍼다' '성격이 급하다' '게으르다' '두 아이의 엄마라 항상 시간이 부족하다' '컴맹이다'….

눈치챈 분들도 있겠지만 나는 남들이 단점이라고 생각할 수 있는 부분도 장점으로 적는다. 그리고 실제로 이런 것들을 정말 장점이라고 생각한다. 성격이 급하니까 행동으로 빨리 옮겨서 성과를 만들어내기도 하고, 게으른 성격이라 '일을 덜하면서 성과내는 법'을 찾으려고 머리를 굴린다. 아이를 키우느라 시간을 더 효율적으로 바짝 쓰는 방법을 알게 되었다는 점도 있다. 그 노하우 덕분에 지금 유튜브 콘텐츠로 책까지 쓰고 있다. 단점을 장점으로 보는 순간 새로운 기회가 보이고, 진짜 장점이 될 수 있다는 것을 알게 되었다.

결국 실제로 장점인지 단점인지는 문제가 아니다. 내 관점이 진짜 문제다. 평소에 단점이라고 생각한 것들도 장점으로 뒤집을 수 있다. 이 과정은 매우 재미있고 행복하다. 정말 단점으로 볼 수밖에 없는 것들이 있다면 그냥 무심하게 받아들이면 된다. 그리고 다시 장점에 집중하고, 내가 갖고 있는 소소한 장점도 극대화할 방법을 고민해보는 것이다.

자랑을 한 김에 하나 더 올려본다면 내가 잘하는 것 중 하나는 타인의 장점을 찾아주고, 인정해주는 것이다. 어떤 사람에게 스스로 인정하지 못했던 장점들을 인식시키고, 칭찬하고, 이것에 집중할 수 있도록 했더니, 정말 놀라운 일이 벌어졌다. 자기 스스로 장점을 인정하기 시작하니, 자신감이 생기고, 삶의 행복도가 훨씬 높아졌다. 그리고 그 자신감이 그대로 유튜브에 담기기 시작했고, 여러 고민들로 방황했던 사람이 훨씬 정확하고 빠르게 한 방향으로 채널을 운영해나가기 시작했다.

유튜브에는 나의 모든 것이 담기고 표현된다. 자신감과 행복감을 담아 채널을 운영하면, 시청자들도 분명 그 느낌을 전달받게 된다. 단점을 고치지 않고, 장점으로 볼 줄 아는 것, 내가 가진 장점을 더 극대화하는 것! 이 또한 매우 간단하지 않은가! 결국 장단점을 구분하는 기준은 자신에게 달려 있다. 유튜브라는 훌륭한 도구로 행복하게 자존감을 높이며 장점의 개수를 늘려 보길 응원하겠다.

# 나의 장점은?

# 내 차별성은
# 구독자가 판단한다

　수익 공개 영상을 올리겠다고 결심하고 다른 사람들의 영상을 살펴봤다. 표지를 살펴보니, 대부분 구독자수나 엄청난 수익을 강조하고 있었다. 이들보다 구독자가 많지도 수익이 높지도 않았기 때문에 내 영상을 어떻게 해야 노출할 수 있을까 고민했다. 그러다 '엄마유튜버' 중에 수익을 공개한 영상은 없다는 것을 발견하고 나는 [유튜브 수익공개/수입 0원이었던 전업주부 1년만에 ○○○만원?/주부유튜브]라는 제목으로 영상을 업로드했다. 그리고 실제 이 영상은 높은 조회수를 기록했다.

　이를 계기로 '#전업주부' '#엄마유튜버'라는 키워드가 내가 노릴 만한 틈새시장이라는 것과 나의 차별성이 될 수 있음을 알게 되었다. 그래서 이후에도 관련 키워드인 '#엄마유튜버' '#주부유튜버' 같은 단어들을 반복해서 올렸다. 그랬더니 어느 날 방송사에서 연락이 왔다.

"유튜버 세 분을 모시고 아침 생방송을 하려고 하는데요. '주부유튜버'들을 대표해서 선정되셨는데, 출연 가능하신가요?"

그렇게 방송 촬영을 하는 기회를 얻었다. 그때 같이 초대된 분들은 내 구독자수와 비교도 안 되게 많은 유명한 크리에이터였다. 그때 다시 확신했다.

'내가 구독자수나 인지도는 아직 낮지만 차별화를 했기 때문에 여기에 올 수 있었구나!'

내가 차별화를 생각하지 않았다면 나는 여전히 구독자수 목표치에 짓눌려 하루하루 고군분투하고 있었을 것이다. 나를 '#엄마유튜버' '#전업주부유튜버'라는 조금 작은 포지션에서 자리매김할 수 있도록 열심히 강조하고 차별화시킨 결과 내가 가진 구독자수에 비해 큰 성과를 거두고 있다.

자신이 가진 차별성을 아는 것은 정말 중요하다. 일반적인 기준을 갖고 경쟁하면 나보다 더 재능있고, 부지런하고, 생산능력이 뛰어난 사람에게 뒤처질 수밖에 없다. 그리고 그렇게 경쟁하면 승리할 확률도 낮다. 하지만 차별성을 갖추면 경쟁할 필요가 없어진다. 경쟁을 하더라도 치열함이 덜하다. 게다가 내 안에 있는 것을 개발하는 일이기 때문에 그 여정도 훨씬 수월하다.

## 무엇이든 차별성은 장점이 된다

유튜브를 운영하고 구독자가 조금씩 늘어날 무렵 나는 채널 방향에 대해 이런 고민을 한 적이 있다. 재테크 전문 채널과 비교해보니, 정보가 부족했고, 자기계발 채널들과 비교해보면 너무 다양한 이야기를 해서 집중도가 떨어졌다. 재테크·자기계발뿐만 아니라, 육아·여행 이야기까지 하고 있으니 채널의 정확한 방향이 모호했고 전문성도 떨어졌다. 그런데 하나에만 집중할 수 있겠냐고 자문해보니 그건 지루할 것 같았다. 그래서 생각을 바꿨다.

'자기계발 채널은 많지만, 그들은 재테크에 대한 경험, 콘텐츠는 부족하다. 재테크 역시 자기계발 분야에서 매우 중요한 카테고리지만 자기계발 채널들은 실질적인 재테크 방법을 전달하는 데에는 한계가 있다. 내 채널은 재테크 이야기도 할 수 있는 실질적인 자기계발 채널이 될 수 있겠다. 그리고 재테크 전문 채널은 돈 얘기 중심이라 인간적이고 따뜻한 느낌이 부족한 것 같아. 하지만 내 채널은 돈 이야기도 하면서 명상과 자기계발 콘텐츠가 있어서 훨씬 인간적이고 부드러운 느낌이야. 게다가 육아 이야기를 하니까 엄마 구독자층과 공감대도 형성할 수 있지. 너무 전문가스러워서 거리감이 생기는 것보다는 이런 친근한 느낌으로 정보를 전달해 줄 수 있는 내 상황이 차별성이자 장점일 수 있겠다.'

이렇게 생각하니, 내 채널에 더 큰 애착이 생겼고, 채널 방향에 대한 고민이 사라졌다. 그래서 지금은 재테크 이야기를 하다가, 유튜브 이야기를 하고, 책 소개를 하거나 브이로그, 연애 이야기를 별 고민 없이 자유롭게 하고 있다. 그리고 다양한 콘텐츠 덕에 다양한 관심사의 구독자들이 유입되고 있다. 생각의 전환으로 한 분야에서 특출나지는 않지만, 다양한 분야에서 더 많은 기회와 확장이 가능한 멀티 채널이 될 수 있었다.

60대의 나이로 유튜버에 도전하시던 분과의 대화가 생각난다.

"전 나이가 있다보니 요즘 사람들보다 부족한 게 많네요. 북리뷰를 하고 싶은데, 좀 더 실력을 쌓고, 공부를 더 한 후에 시작해야겠어요. 그래야 젊은 사람들을 쫓아갈 수 있을 것 같아요."

그분의 고민과 우려 역시 충분히 이해가 간다. 하지만 나는 이렇게 말씀드렸다.

"그동안 살아오시면서 경험한 것들과 연륜은 젊은 사람들이 결코 따라갈 수 없어요. 젊은 사람들과 다른 강점을 이미 갖고 있다고 생각해요. 이미 차별성이 있으니 자신감을 갖고 유튜브를 해보시면 좋겠어요. 키워드도 '#60대유튜버' '#할아버지유튜버' 같은 차별화된 키워드로 열심히 등록해보시고, 60대만이 느낄 수 있는 감정과 식견을 편하게 말씀해보세요. 젊은 사람들을 쫓아가실 필요는 없을 거예요."

나는 모든 사람들에게는 책 열 권 분량의 콘텐츠가 이미 담겨 있다고 생각한다. 이를 각자 어떻게 차별화하고 포장하고 전달하느냐가 성과로 다르게 나올 뿐이다. 타인이 가진 것을 부러워하고 그것을 자기 것으로 만들려고 스스로를 닦달하며 힘들게 애쓰지 않았으면 좋겠다. 이미 내가 가진 것을 차별화하고 더 멋지게 포장하는 법을 연구해보자. 그게 결국 가장 쉬운 길이고, 빨리 성과를 내고, 성공하는 유일한 길이라 생각한다.

'차별성'은 꼭 멋지거나 좋은 것이 아닐 수도 있다는 점도 꼭 기억했으면 좋겠다. 나이·전업주부·갱년기·싱글맘·내성적인 성격·뚱뚱하거나 마른 외모·사투리·딸부자·아들부자·다자녀·특이한 말투 등 어떤 것이든 차별화가 될 수 있다. 그 차별점이 나쁘다·좋다·창피하다·숨기고 싶다 하는 등의 판단을 본인이 할 필요는 없다. 스스로 단정하지 말자. 내 차별성을 먼저 인정하고 좋게 받아들이면 이젠 더 많은 사람들이 당신의 차별성을 멋진 장점으로 인정해줄 것이다.

# 악플은
# 성공의 징조다

착실하게 영상을 올리던 분이 갑자기 영상을 올리지 않았다. 이상해서 무슨 일인지 물으니, 악플 때문에 충격을 받아서 더 이상 영상을 올리지 못하겠다고 하는 게 아닌가.

"제 영상에 댓글로 '요즘은 개나 소나 유튜버하네'라고 달린 거예요. 너무 화가 나서 반박 글을 달까 하다 그 사람 프로필을 클릭해봤더니, 조폭처럼 무섭게 생겼더라고요. 무서워서 답글도 못 달고, 그 후론 그 말이 계속 머릿속에 맴돌아서 영상을 못 찍겠어요."

그렇게 말하는 모습이 매우 의기소침해 있었다.

유튜브를 운영해보니, 댓글의 반응은 크게 네 단계로 나눌 수 있었다. 첫 단계는 무반응이다. 이 시간이 사실 꽤 오래간다. 나는 뭔가 열심히 하고 있고, 생산을 하고는 있는데, 영상은 조회수도 나오지 않고, 댓글도 없으니 힘이 나지 않는 시기다. 이 시기를 버티고 넘기는 게 무엇보다 중요하다.

무반응에도 아랑곳하지 않고, 꾸준히 영상을 올리면 조금씩 선플이 달리기 시작할 것이다. 이것이 2단계다.

"영상 잘 봤어요!" "많은 도움 되었어요!" "구독·좋아요·알림 3종 세트 드리고 갑니다"와 같은 내용이다. 이런 댓글 하나하나가 가진 힘은 가히 엄청나다고 할 수 있다. 드디어 나를 세상이 알아봐주는 것 같고, 다음 영상을 만드는 원동력이 된다.

그다음이 3단계, 바로 '악플'이다. [재테크를 할 때 기억해야 하는 5가지]라는 영상이 빵 터지면서 갑자기 댓글, 조회수, 구독자수가 폭발적으로 증가했다. 그때 첫 악플이 달렸다. 무슨 내용이었는지는 기억나지 않는데, 나는 악플을 보고는 너무 기뻤다. 그래서 그 악플에 행복의 하트를 눌렀다.

내가 기뻤던 이유는 드디어 내 영상이 불특정 다수에게 노출되기 시작했다는 증거라고 여겼기 때문이다. 불특정 다수에게 추천 영상으로 노출되면, 당연히 그중엔 이 영상이 마음에 들지 않는 사람이 있을 수밖에 없다. 그런데 이 사람은 내 영상이 마음에 안 들면 그냥 나가면 그만인데도 끝까지 봐주고, 수고스럽게 로그인을 해서 댓글까지 남겨준 거다. 그 수고에 어찌 감사하지 않을 수 있을까? 그래서 진심으로 감사의 표시를 했다.

지금은 악플을 포함한 많은 댓글이 하루에도 여러 개 달리고 있다. 악플 중에는 영상과 전혀 상관없는 이야기들·모욕적인 말들·성적인 말들도 있다. 댓글들을 거의 지우지 않는 편이지만, 너무 심한 욕설이나 비하 때문에 다른 구독자들에게도 나쁜 느낌이 전해질 것 같으면 악플 대응 3종 세트를 실시한다.

**1** 댓글 삭제

**2** 스팸 신고

**3** 채널에서 사용자 숨기기

악플이 다른 구독자에게도 영향을 미칠 정도라면 악플 대응 3종 세트를 실시한다. '채널에서 사용자 숨기기'를 하면 자신의 채널에 해당 이용자의 댓글은 더 이상 공개되지 않는다.

이 단계까지 오면 이제 네 번째 단계가 시작된다. 영상의 내용을 비판하거나 비방하는 악플이 달리면 다른 분들이 내 편에 서서 싸워

주는 거다.

"이 영상의 본뜻은 다른데, 님이 이해를 못하시네요."

"이런 댓글을 달 시간에 스스로를 더 돌아보세요."

내가 직접 나서서 반박하기엔 민망한 상황도 있고, 일일이 대꾸하기도 어려울 때가 있는데, 다른 사람들이 대신해서 반박해준다. 이게 얼마나 큰 힘이고 고마운 일인지는 겪어보면 안다.

그래서 악플로 영상 업로드를 멈춘 그분에게 이런 말씀을 드렸다.

"우아! 축하드려요. 열심히 하셔서 벌써 3단계에 오신 거네요. 빠른 성과를 내고 있으니, 다른 사람들이 질투한 게 아닐까요? 선플들이 훨씬 많잖아요. 선플들을 보면서 계속 업로드하세요. 결국 다수의 사람들에게는 진심이 전해지니까요."

### 다양한 의견을 받아들여라

심리학에 '손실 회피의 법칙'이란 게 있다. 얻을 것과 잃을 것의 가치가 동등할 때 선택지를 주면 사람들은 얻을 것보다 잃을 것에 대한 두려움 때문에 선택을 망설이게 된다고 한다. 손해와 이익이 같아도 손해로 인한 고통을 더 강하게 느끼기 때문이다. 악플을 보면서도 그런 느낌이 든다. 선플이 훨씬 많아도 단 하나의 악플에 엄청나게 큰 고통을 느끼기도 한다.

근거도 없이 맹목적인 비난과 욕설, 모욕감을 주는 악플들은 스팸 신고로 단호하게 처리하면 된다. 다만, 영상을 다 보고 이야기하는 것이 분명하고, 모욕감을 주는 목적이 아닌 자신의 의견을 말하거나 조언하는 댓글이라면 내 생각과 다르고, 불쾌하다고 해도 악플이라고 생각하면 안 된다. 때론 나와 의견이 너무 달라서 동의하기 힘들고 억울한 느낌이 들 수도 있지만, 어쨌건 이런 댓글은 자신의 생각을 표현해주고 정성스럽게 적어주었다는 생각으로 감사하는 마음을 가지는 게 낫다. 다양한 의견은 받아들일 필요가 있다. 이런 댓글은 다른 사람들에게도 노출하면서 더 많은 다양한 의견들이 오갈 수 있도록 하는 것도 좋다.

"무플보다는 악플이 낫다"는 말을 들어보았을 것이다. 처음엔 악플 하나가 몇 날 며칠 뇌리에서 사라지지 않고 떠올릴 때마다 고통스러울 수 있지만, 결국 무플보다는 무조건 좋고 감사한 일이다. 악플을 두려워하지 말고 나의 길을 가다 보면 4단계에 닿는 기쁨을 얻게 될 것이다. 선플을 적어주는 구독자들을 생각하며 더 열심히 해보자. 시간이 지나면 어느새 멘탈까지 강해진 자신을 만나게 될 것이다.

# 영상편집자를
# 구해야 하나요?

　나는 현재 반 이상의 영상을 전문 편집자에게 맡기고 있다. 구독자가 3만 명이 될 즈음부터 편집자님과 함께 일하고 있다. 편집자님과 함께한 후로 영상 콘텐츠에 집중할 수 있는 시간을 더 확보할 수 있게 되었고, 아이들과 함께하는 시간도 확보되어 훨씬 여유롭다. 나부터가 많은 도움을 받고 있기 때문에 편집자와 함께하는 것도 많이 추천하고 있다. 하지만 채널을 시작하자마자 전문 편집자에게 영상을 맡기는 것은 반대다.

　편집자는 어느 시기까지는 직접 자신의 영상을 편집해본 후, 채널을 통해 수익이 만들어진 후에 구할 것을 추천한다. 영상을 찍고 직접 편집해보는 시간을 갖는 것이 좋다. 이때 자신을 보다 객관적으로 볼 수 있게 된다. 다음 영상에서 보완하면 좋은, 개선할 부분도 찾을 수 있고, 이를 다음 영상에 반영하면 성장하는 데에도 도움이 되기 때문이다. 그리고 자신이 직접 편집을 해봐야 후에 편집자를 만나게 되었을 때 보다 정확하게 작업을 의뢰할 수 있다. 내가 할 줄 모르면 자신이 원하는 퀄리티의 영상을 만들기 위해 무엇을 추가로 요청할지 판단할 수 없고, 편집자에게 끌려다니게 된다.

구독자 100만 명 이상을 보유한 1세대 스타 크리에이터들 역시 초반에는 대부분 스스로 영상을 찍고 편집했다. 그런 경험과 내공이 기반이 되어 이후 편집자와 함께 일할 때도 자신의 색을 잃지 않고 효율적으로 운영해나갈 수 있는 거라고 생각한다.

편집자를 구하게 되면 비용도 무시할 수 없다. 채널의 수익 구조가 만들어진 후에 시작하길 바란다. 수익 구조가 없는 상태에서 가능성만 보면서 시작할 때부터 편집자와 함께 채널을 시작한 사람을 만나본 적 있다. 하지만 기대보다 구독자 증가가 더뎠고, 편집자 비용은 계속 나가게 되니 결국 채널 운영에 엄청난 부담감을 느끼게 되었다. 중도에 자신이 직접 편집을 해볼까도 생각했지만, 채널의 퀄리티를 낮출 엄두를 내지 못했다.

채널을 시작할 때 자신의 실력을 함께 키워가면서 시행착오를 겪는 시간이 꼭 필요하다. 그 후 채널의 전망과 수익에 확신이 들 때 편집자를 고민해도 늦지 않다.

편집자를 구하는 방법은 크몽이나 잡코리아와 같은 구인구직 사이트, 유튜브 관련 카페에서 알아보면 된다. 채널의 구독자가 어느 정도 쌓인 상황이라면 자신의 유튜브 채널이나 SNS에 모집공고를 올려도 좋다. 금액은 천차만별이므로 직접 여러 명을 비교·상담해 보고 적정선을 찾아보자.

# 제6장

# 초보 유튜버를 위한
# 노출 전략 네 가지

# 유튜브는 어떤 영상을
# 추천하는가

유튜브 초기에는 구독자수가 적기 때문에 기본적인 조회수가 적을 수밖에 없다. 높은 조회수를 얻기 위해서는 유튜브 알고리즘이 영상을 다른 사람들에게 추천해야 한다. 유튜브가 다른 사람들에게 내 영상을 추천하게 만들기 위해서는 세 가지 조건이 필요하다.

'조회수' '시청시간' 그리고 '댓글과 좋아요'다.

영상의 제목과 썸네일로 클릭을 유도하고(조회수), 시청자들이 영상을 오래 보고(시청시간), 영상에 반응하면(댓글이나 좋아요), 유튜브는 '이건 괜찮은 영상이군. 다른 사람들에게도 추천해야겠어'라고 판단한다. 그러면 점점 조회수와 시청시간이 늘어나고, 댓글과 좋아요가 더 쌓여서 점점 더 많은 사람들에게 노출되는 선순환 구조가 만들어진다. 이런 과정을 거쳐 소위 '빵 터지는 영상'이 될 수도 있다.

한 콘텐츠가 빵 터지면 이 영상을 좋아해준 시청자가 크리에이터의 또 다른 영상을 시청하게 될 확률이 높아지고, 구독까지 이어질 수 있다. 그래서 영상 하나로 채널 전체의 조회수와 구독자가 순식간에 늘어날 수 있다. 구독자는 이렇게 직선이 아닌 계단식으로 증가하게 된다.

그렇기 때문에 유튜브가 추천해줄 만한 영상을 만드는 것이 중요하다. 초보 유튜버들은 우선 영상 길이를 짧고 빠른 리듬으로 편집하는 게 좋다. 대부분 구독자가 많은 유튜버들이 10분이 넘는 영상을 만드는 이유는 중간에 광고를 삽입할 수 있기 때문이다. 하지만 초보 유튜버는 애드센스 광고수익을 얻기 어렵다. 이런 상태라면 당연히 수익보다 '시청시간'을 확보하기 위해 노력해야 한다.

긴 시간 동안 시청자의 이목을 집중시켜 오래 시청하도록 만드는 건 정말 어려운 일이다. 언변부터 시작해서 편집까지 많은 노하우가 필요하다. 이런 이유로 초보 유튜버는 5분 내외로 영상을 짧게 만들고, 최대한 군더더기를 빼는 편집이 필요하다. 시청자들이 이 영상을 최대한 끝까지 이어서 보게 하는 데 집중해야 한다. 점차 화법도 능숙해지고 편집 능력도 좋아지면 그때부터 영상 길이도 늘려가는 것이 좋다. 시청시간 확보를 위해 다른 유명 채널들이 어떤 장치를 했는지 시청자가 아닌 편집자의 입장에서 영상을 보면 도움이 될 것이다. 자막, 효과음, 배경음악 등 편집을 직접 해봐야 보이는 다양한 장치들이 있다.

유튜브를 보면 유명 유튜버들도 "좋아요·구독·알람버튼 눌러주세요~" 하는 것을 자주 볼 것이다. 이미 엄청난 구독자를 보유하고, 조회수도 잘 나오는 그들은 왜 계속 이런 말을 외칠까? 역시 유튜브가 자신의 영상을 더 많은 곳에 노출하게 만들기 위해서다. 그리고 좋아요를 눌러달라고 말했을 때와 하지 않았을 때도 분명한 차이가 있다고 한다. 알람버튼은 초기 조회수를 높이기 위해 외치는 말이다. 나는 그들에게서 끝까지 최선을 다하는 모습을 본다. 그러니 초보 유튜버라면 더더욱 끈질기게, 끝까지 모든 노력을 해봐야 한다.

영상 노출 전략 1

# 타깃팅

유튜브를 시작하는 사람들이 가장 어려워하는 부분이 채널 콘셉트 결정과 편집이다. 그래서 여기에 가장 많은 시간을 들여 공부하고 준비한다. 하지만 기껏 인고의 시간을 버텨내며 열심히 편집을 배우고 드디어 완성한 영상을 업로드하고 나면 그때부터 또 다른 고민이 시작된다. 생각보다 낮은 조회수에 실망하고, 좀처럼 늘지 않는 구독자수에 지치게 되는 것이다. 나랑 유튜브가 안 맞나 하는 자괴감이 들 수도 있다. 실제로 이런 상황을 겪고서 포기하는 경우가 많다.

힘들게 영상 편집을 배웠다면 이젠 노출하는 방법을 배워야 한다. 여기에 노력을 기울이지 않으면 애써 만든 영상이 그대로 묻히는 상황이 반복되어 지치고 말 것이다.

유튜브 알고리즘은 시청시간과 조회수, 좋아요, 댓글 등을 종합적으로 분석해서 이 영상을 다른 사람에게 노출할지 결정한다고 했다. 이미 구독자가 많은 유튜버의 영상은 일정 수의 조회수와 좋아요, 댓글을 확보하게 되어 있다. 그래서 인기영상으로 선정될 확률도 높고 더 많은 이들에게 추가로 노출될 가능성도 커진다. 그러면 새로운 사람들이 계속해서 유입되고 인기가 많아지고 구독자가 늘어나는 선순환이 일어난다. 하지만 이제 막 유튜브를 시작한 크리에이터는 이렇게 할 수 없다. 노출을 위한 적극적·전략적 노력이 필요한 이유다.

### 타깃을 좁혀라!

누구를 대상으로 영상을 만들었는지 생각하고, 이를 제목에 담아야 자신이 생각한 타깃 시청자에게 영상이 도달할 수 있다. 초보 유튜버들은 주로 영상의 내용을 설명하는 방식으로 제목을 단다. 그런데 전체 내용을 포함하는, 포괄적인 단어를 사용하면 이미 더 많은 구독자를 보유한 다른 채널이나 영상에 묻혀 노출되기 어렵다. 그래서 타깃을 세분화할 필요가 있다. 이럴 때는 목적이 무엇인지 구체적으로 질문해보는 게 좋다.

예를 들어 '말 잘하는 법'에 관한 영상을 만든다고 가정해보자. 강사를 꿈꾸는 사람들을 위한 내용인지, 면접을 앞둔 사람에게 필요한 내용인지, 직장에서 발표를 하거나 의사 전달에 도움이 되는 내용인지, 인간관계를 위한 말하기인지, 상황에 따라 다양한 주제가 나온다. 이를 더 구체화하고 범위를 좁혀서 더 정확하게 타깃을 설정하고 제목을 짓는 것이다. 그러면 이 영상에 딱 맞는 시청자에게 닿을 확률이 커지고, 제목만으로도 클릭을 유도할 확률이 높아진다. 내 채널에 왔으면 하는 사람들을 생각하면서 그들을 위한 영상을 만들고 관련 키워드를 등록해서 노출에 힘써보자. 정확한 타깃팅이 가장 빠르고 확산성이 높다는 것을 결과로 항상 느끼고 있다. 초보 크리에이터일수록 타깃을 좁혀야 한다.

영상을 올릴 때는
대상을 모호하게
지정하지 말고 타깃을
확실히 해야 한다.

내가 만든 [사회초년생을 위한 가장 빨리 돈을 모으는 법 5단계]라는 영상이 있다. 이 영상은 원래 [돈 빨리 모으는 법]으로 기획했던 영상이었다. 누구에게나 도움이 될 법한 내용이다. 하지만 타깃을 더 좁혀 사회초년생으로 지정했다. 영상에도 시작과 함께 "사회초년생들을 위한 영상이니 이제 막 월급을 받으신 분들은 꼭 보세요"라고 강조했다. 그 영상은 결국 내가 생각한 타깃에 닿아 높은 조회수와 좋은 피드백을 얻었다. 그리고 사회초년생 연령대의 새로운 구독자들까지 얻을 수 있었다. 그 영상을 올리기 전까지 내 채널의 기존 구독자들 중 25~34세 비율은 25퍼센트 정도였는데, 35퍼센트까지 늘었다. 그리고 이 타깃 시청자들에게 높은 반응을 이끌어내니 인기영상이 되어서 점차 더 넓은 연령대까지 확산 노출되는 효과도 거두었다.

이렇게 영상을 볼 대상을 좁혀서 제작하라고 권유하면 의구심을 갖는 분들이 많다. 타깃을 한정하면 노출이나 구독도 적을 것 같다고 걱정하는 것이다. 하지만 실제로는 절대 그렇지 않다. 타깃에 더 정확하게 도달하고, 그로 인해 결국 더 많은 사람들에게 노출되도록 하는 전략이다. 모든 것을 다 얻으려고 욕심을 부리면 아무것도 얻지 못할 수 있다. 한 가지에 집중해서 타깃을 좁혀보자.

영상 노출 전략 2

# 키워드

똑같은 영상이라도 어떤 키워드를 넣느냐에 따라 노출효과는 크게 달라진다. 다음의 수익 공개 영상은 '엄마유튜버'를 차별성으로 내세워서 등록한 영상으로 높은 조회수를 기록했다. 이 영상을 올릴 때 어떤 부분에 중점을 두었는지 설명해보겠다.

### 제목+영상 설명+태그

시청자는 제목과 썸네일을 보고 1~2초 안에 영상을 클릭할지 말지 결정한다. 표지에도 핵심키워드인 전업주부와 수입이라는 단어들을 집어넣고, '지금은??'이라는 글자 뒤에 돈이 쏟아지는 모습을 넣어 호기심을 유발했다. 제목에도 각별히 신경 썼다. 영상을 업로

유튜브 수익 공개 / 수입 0원이었던 전업주부 1년만에 000만원? / 끌어 당김의법칙 / 현실수익 / 주부유튜브 주부유튜버 도전!

📊 313,841    💬 531    👍 4,281    👎 218

🌐 💲

제목에 영상 설명을 하면서 키워드도 세세하게 넣어야 한다.

태그   유튜브수익   유튜브광고수익   자기계발   1인기업   연봉1억   전업주부   출간

주부유튜브   전업주부유튜버   동기부여   유튜브동기부여   주부유튜버

아줌마유튜버   줌마유튜버   1인지식기업   유튜브시작   엄마유튜버

드할 때 제목은 100자 이내로 적어야 한다. 초보 유튜버들일수록 최선을 다해 이 공백을 채워야 하는데도 한 줄로 간단히 적는 사람들이 의외로 많다. 제목 안에 사람들의 흥미를 유발하고, 검색했을 때 노출될 수 있는 키워드를 많이 포함해야 한다. 열 자 미만의 제목만으로 조회수가 나오는 경우는 이미 상당수의 구독자를 갖고 있거나 일부 운이 좋은 사람만 가능한 일이다. 나의 경우 제목란을 40~60자 정도는 채운다. 영상의 내용을 설명하면서 주요 키워드를 포함하려고 노력하고 있다.

위 영상의 경우 제목에 [유튜브 수익공개/수입 0원이었던 전업주부 1년만에 ○○○만원?/주부유튜브/주부유튜버 도전!]이라고 적었다. 이 경우 제목 내의 어떤 키워드가 노출에 영향을 미치게 될까?

**유튜브, 유튜브수익공개, 수익공개, 전업주부, 주부유튜버, 주부유튜브, 유튜브도전**

이 정도가 노출에 직접적으로 영향을 미치는 키워드가 될 것이다. 60자 정도의 제목 안에 이렇게 많은 단어들을 검색 키워드로 집어넣었다. 이 키워드들을 통해 영상이 노출될 확률이 높아진다. 이렇게 제목 안에 핵심키워드를 잘 담는 게 중요하다. 게다가 이 영상은 '주부유튜브'와 '전업주부'라는 단어를 집어넣어 다른 수익 공개 영상과 차별화하고 해당 연령층의 구독자들이 유입되었다.

키워드를 설정할 때 타깃을 좁히는 전략도 함께 쓴다. 이를테면 가장 경쟁이 치열한 상위 키워드인 '재테크' 대신 하위 키워드인 '사회초년생'과 '대학생'이라는 키워드를 넣어서 타깃을 좁히는 것이다. 범위가 넓은 키워드로는 검색했을 때 첫 페이지에 노출이 어렵지만, 하위 키워드를 등록해서 첫 페이지에 노출되도록 노력하는 것이다. 경쟁이 덜 치열한 키워드에서 우위를 차지하게 되면 노출될 가능성도 같이 높아진다. 그렇게 하면 결국 많은 사람들에게 전달될 수 있다. 자신의 구독자 수를 감안해서 내가 노려야 하는 키워드의 범위를 생각해봐야 한다.

초보 유튜버가 상위 키워드로 노출되기는 너무 어려운 일이다. 과감히 상위 키워드를 포기하는 것도 필요하다. 이를 테면 [초보유튜버 노하우]라는 내용의 영상을 올렸다면 [40대 주부유튜버 유튜브 시작 노하우/두 아이 키우는 육아맘 전업주부인데 도전했어요!]라고 적는 식이다. 계속 단어들을 한정시키고 하위 키워드를 노려서 그 단계에서부터 확실히 노출되도록 만들자. 그리고 점점 키워드를 크게 확장시켜 나가는 전략이 필요하다.

타깃을 좁히고 하위 키워드를 노려라!

영상 노출 전략 3

# 썸네일

구독자 30만 명이 넘는 〈단희TV〉의 단희쌤을 인터뷰했을 때 썸
네일에 관한 질문을 했다.

"썸네일만 하루 종일 고민할 때도 있어요. 하루 종일 편집자랑 머
리를 맞대고 더 나은 썸네일을 만들려고 고민하면서 찍고, 지우고
해요."

순식간에 40만 구독자를 확보한 신사임당은 영상마다 썸네일을
세 장씩 만든다고 했다. 영상 업로드 후 초기 조회수가 생각처럼 나
오지 않으면 미리 준비해둔 다른 썸네일로 교체하는 것이다. 노출을
위해 끝까지 최선을 다하는 모습이 매우 인상적이었다.

구독자 300만 명이 넘는 〈보겸TV〉의 표지는 늘 인상적이고 신

선하다. 어떤 표지는 영화관에 사람이 바글바글하고, 자신의 이름이 적혀있는 커다란 플래카드를 들고 있는 사람들의 모습을 보여줬다. 제목은 [영화관을 빌려주셨는데, 7천 명이 몰렸습니다. 영화관 관계 자님, 죄송합니다]라고 적혀 있었다. 궁금해서 클릭해보니, 열 명도 안 되는 사람들과 함께 시간을 보내는 이야기였다. 표지와 내용이 정반대였다. 어떤 날은 그냥 검정 바탕의 썸네일에 아무 제목도 없 는 영상을 올린 적도 있다. 그러니까 이게 뭘까 하는 호기심에 또 클 릭하게 된다.

〈보겸TV〉는 일단 클릭만 하면 빠른 진행과 흡입력 있는 편집으 로 눈을 떼지 못하게 만든다. 늘 예상을 벗어나는 참신하고 과감한 시도를 하는 〈보겸TV〉는 많은 영감을 준다. 구독자가 많은 크리에 이터들이 이토록 썸네일을 공들여 만들고 준비하고 있음을 알게 된 다. 그만큼 중요하다는 이야기다.

### 호기심을 자극하고 호감도를 높여라

많은 구독자를 보유한 유튜버들의 썸네일을 관찰하면 배울 점이 많다. 화려한 디자인이나 구도, 호기심을 불러일으키는 사진과 제목, 과감한 편집 같은 부분은 디자인 감각이 부족한 나로서는 부러운 부 분이기도 하다. 이런 썸네일의 어떤 부분이 사람들을 끌어들이는지 집중해서 보기 바란다.

나는 디자인 감각이 떨어진다. 그래서 예쁜 디자인보다는 정확한 메시지를 전달하는 데 중점을 둔다. 영상에서 내가 '전하려는 메시지'와 '사람들이 원하는 내용' 사이에서 고민하면서 둘 사이의 합의점을 찾는다. 보통은 사람들이 원하는 내용을 선택한다. 아무리 좋은 내용이라도 사람들이 클릭하지 않고 보지 않는다면 아무 소용이 없다. 사람들이 관심을 가질 만한 질문과 제목인지가 중요하다.

썸네일을 통해 독자들의 호기심과 관심을 불러일으킬 수 있다.

위 썸네일은 [원하는 삶을 사는 법/애쓰는 삶 대신 내맡김의 삶 어때요?]라는 제목으로 올린 영상이다. 표지 한 장에 영상의 내용을 포괄해보려고 노력했다. 내 안의 소리를 듣는 시늉을 하고, 옆에는 골치 아파하는 모습을 한 사람의 실루엣을 넣어 대비시켰다. 너무 애쓰지 말고, 내 안의 소리를 듣는 방법을 제시하는 내용이라는 것을 썸네일을 통해 알리려고 했다. 이 표지를 보고 호기심이 일어난 사람이라면, 내 안의 소리를 구체적으로 듣는 방법에 대한 궁금증을 갖고 영상을 클릭하게 될 것이다. 독자들은 표지를 보고 영상의 콘텐츠와 서사를 어느 정도 유추할 수 있고, 구체적인 내용에 대한 호기심을 가지게 된다.

썸네일이 거부감을 주면 안 된다. 싫어요가 많으면 영상 노출에 악영향을 미치기 때문이다.

[연봉 1억이 되니 이제야 보이는 것들]은 구독자 5만 명을 앞두고 업로드하려고 평소보다 더 많은 고민과 노력을 투자했다. 표지에도 특히 신경 썼다. 썸네일과 제목이 자칫 잘난 척으로 비춰지면 곤란하다. 그런 영상에는 '싫어요'가 많이 달리기 때문이다. 싫어요가 많으면 영상 노출에 악영향을 미친다. 원래는 '내가 발견한 진실, 연봉 1억을 받고 싶다면'과 같은 제목도 생각해두었지만 제외했다.

좋은 썸네일은 눈에 띄면서 영상의 내용을 함축해서 보여주고, 호기심이 일거나 기대를 하게끔 만들어야 한다. 사람들의 클릭을 유도하면서 내가 전하고자 하는 메시지가 잘 담겨 있으면 좋다. 디자인 감각이 없어도 어플을 사용하면 꽤 근사한 썸네일을 만들 수 있다. 중요한 것은 디자인보다는 어떤 메시지를 어떻게 눈에 띄게 담느냐다. 이미 앞서간 유튜버들을 관찰하면서 경험을 쌓아가는 게 중요하다. 영상은 한번 업로드하면 수정할 수 없지만 표지인 썸네일은 '유튜브 크리에이터 스튜디오' 어플이나 웹에서 얼마든지 다시 수정할 수 있다. 부담 없이 여러 시도를 해보자.

표지가 안 좋으면 영상이 묻힌다. 찍고 편집하는 데 긴 시간을 들이면서 표지는 대충 만드는 사람들이 많다. 표지는 단 몇 초 안에 사람들이 영상을 볼지 말지 결정하게 만드는 중요한 단계다. 편집에 들인 공만큼 표지를 만드는 데에도 시간과 노력과 정성을 들여야 한다.

## 영상 노출 전략 4

# 콜라보

유튜브를 시작하면서 가장 신나는 일이 무엇인지 묻는다면 원하는 일을 마음껏 시도해보고 있다는 것과 만나고 싶은 사람을 만날 수 있다는 것을 꼽고 싶다. 만나고 싶은 사람을 만날 수 있는 직업인 '기자'가 부러웠던 적이 있었는데, 이젠 나도 유튜브라는 플랫폼에서 기자가 된 느낌이다. 유튜브 채널을 운영하고 있다고 밝히고, 만나고 싶은 사람에게 연락해서 인터뷰 요청이나 콜라보 영상을 제안한다. 만약 상대가 나보다 더 많은 구독자를 보유하고 있는 유튜버라면 내 채널의 홍보 효과와 함께 구독자 유입도 기대할 수 있다.

〈단희TV〉 〈신사임당〉 채널에 출연한 이후로 구독자가 크게 늘었고 새로운 구독자를 얻을 수 있었다. 특히 〈단희TV〉의 경우 주 시청자가 50~60대였는데, 이 계층의 구독자가 유입되었다. 이때 나와 구독자층이 다른 유튜버들과의 협업으로 새로운 계층의 구독자를 얻을 수 있다는 사실을 알게 되었다. 구독자의 폭을 넓히는 데 상당히 도움이 된다.

〈김미경TV〉에 출연하게 된 것도 큰 행운이었다. 엄마유튜버로서 '잠룡대상'에 선정되었는데, 많은 사람들에게 '소사장소피아'를 알릴 수 있었다. 이 영상이 방송된 후 놀랍게도 며칠 동안 구독자가 빠른 속도로 늘었다.

〈신사임당〉(위), 〈단희TV〉(아래)와의 콜라보 영상. 다른 크리에이터와의 콜라보는 내 채널의 홍보 효과와 함께 새로운 계층의 구독자를 얻는 데 큰 도움이 된다.

대부분의 크리에이터들은 대부분 혼자 묵묵히 운영한다. 그렇게 운영하다 보면 지치고 콘텐츠와 에너지가 고갈되는 순간이 찾아온다. 이럴 땐 다른 사람을 만나보길 추천한다. 제안을 해보고, 재미있는 새로운 일들을 꾸며보는 것도 좋다. 혼자서는 만들어낼 수 없는 새롭고 참신한 콘텐츠, 새로운 이야기가 나와서 채널이 보다 풍성해질 수 있다. 무엇보다 혼자 외로웠는데, 이때 다른 사람들을 만나면 공감대가 형성되면서 힘을 얻을 수 있다.

'구독자수도 별로 없는 내 채널에 누가 나와 주겠어? 누구랑 콜라보를 할 수 있겠어?'라고 생각할 수도 있다. 나 역시 유명 유튜버들의 콜라보 영상을 보며 부러워할 때가 있었다. 이때 내가 선택한 방법은 우선 내가 만날 수 있는 사람들부터 시도해보는 거였다. 나와 구독자 수가 비슷하거나 나와 비슷한 콘텐츠를 운영하고 있는 유튜버를 만나거나 유튜브 채널을 운영하지 않아도 내 채널에 소개하면 상대에게도 이롭고, 나에게도 좋은 콘텐츠가 될 것 같은 사람과의 콜라보 영상을 기획해보았다. 아니면 인맥을 동원해보는 것도 좋다. 초상권만 동의한다면 누구나 바로 시작할 수 있다.

### 콜라보도 구독자의 이익이 우선이다

유명한 사람이 나와야만 꼭 인기영상이 되는 것은 아니다. 지인이기도 한 〈내멋대로 사비나〉라는 채널 운영자는 구독자가 100명도 안 되었을 때부터 무작정 저자에게 연락해서 인터뷰를 요청했다.

재미있게 읽은 책의 저자에게 연락했고, 인터뷰를 영상을 자신의 채널에 업로드했다. 자신이 소개하고 싶은 장소도 방문해서 촬영한다. 구독자수보다는 먼저 제안하고 시도하는 것이 성과를 내는 데 훨씬 중요하다.

참신한 기획으로 채널을 운영하는 곳도 많다. 〈SOLFA〉라는 채널이 만든 [이상형 10명 한번에 만나기]라는 영상은 조회수가 3,500만 회를 넘겼고, 해외에도 이 포맷을 수출했다고 한다. 아이디어가 있고, 기획만 할 수 있다면 얼마든지 타인과의 만남과 다양한 사람들의 이야기를 담은 영상을 만들 수 있다.

우리 엄마들이라면 보다 편하게 접근해볼 수도 있다. 주변 엄마들을 초대해 몇 가지 주제로 이야기를 담아보는 것이다. 시댁 이야기를 나눠볼 수도 있고 어린이집, 경단녀에 대한 고민 등을 털어놓는 시간을 가져볼 수도 있다. 지인의 솜씨나 재능을 알려주는 영상을 기획해도 좋다. 충분히 초보 유튜버들도 시도해볼 수 있는 협업이다.

어느 정도 채널을 잘 운영하기 시작했다면 나보다 더 많은 구독자를 보유한 유튜버들과의 협업도 제안해보길 추천한다. 단, 이 경우에는 자신이 얻는 이익이 크기 때문에 제안을 잘해야 한다. 내가 얻을 수 있는 것은 명확한데, 내가 상대에게 줄 것이 불명확한 경우가 많다. 이렇게 되면 그 제안은 거절당할 가능성이 크다. 먼저 내가 무엇을 줄 수 있는지를 정확하게 제시해야 한다. 나 역시 채널이 커지면서 여러 협업 제안을 받을 때가 있는데 대부분은 내 채널을 이용해서 자신을 홍보하고자 하는 목적만 보일 뿐, 내가 얻을 수 있는 것은 제시하지 않는 경우가 많다. 그러면 거절할 수밖에 없다.

제안을 할 때는 '내가 가진 이런 부분이 당신의 구독자에게 도움이 될 수 있다'는 내용을 담는 게 좋다. 내 채널의 구독자에게 도움이 될 만한 게 있다면 상대의 구독자수나 인지도가 얼마인지와 상관없이 만나고 싶다는 생각이 든다. 이게 협업을 진행하는 모든 유튜버들이 갖고 있는 기본적인 생각일 것이다. 그렇기 때문에 이 부분에 더 집중해서 제안해보길 바란다. 거절을 두려워하지 말자. 거절에도 익숙해질 필요가 있다. 상대의 거절을 피드백 삼아 더 나은 제안으로 수정해나가는 것이다.

콜라보는 나를 알리고 구독자를 늘리는 데 매우 빠르고 효과적인 방법이다. 내 능력보다 더 많은 것을 해낼 수 있게 만들어주기도 한다. 이런 시도들과 행동들이 쌓여 채널의 콘텐츠를 풍부하게 만들고, 채널의 성장을 빠르게 만들어줄 것이다. 내가 성장하면서 상대와 윈윈하는 방식을 계속 만들어보길 바란다. 함께했을 때의 시너지의 크기를 느낄 수 있을 것이다.

# 티저 만들기

가수들은 뮤직비디오를 공개하기 전에 아주 짧게 편집한 영상을 먼저 공개하기도 한다. 일종의 맛보기 영상인데 이를 티저영상이라고 한다. 티저영상은 호기심을 자극해서 뮤직비디오에 대한 기대감을 높이는 역할을 한다. 영화나 드라마도 예고편을 통해 관심과 기대를 끌어모은다. 유튜브 역시 방송이기 때문에 사람들의 관심을 높이고 조회수를 얻기 위한 여러 가지 방법이 있다.

예를 들어 영상 초반에 인트로 영상이나 예고편 영상을 넣을 수도 있다. 본 영상의 재미있는 부분이나 호기심을 불러일으킬 수 있는 부분을 짧게 편집해서 빠른 속도로 영상 초반부에 보여주는 것이다. 그러면 사람들은 그 재미있는 부분을 기대하며 계속 영상을 보게 된다. 시청시간을 늘리기 위한 목적으로 많이 사용되는 방법이다. '시청시간'은 늘 중요하다.

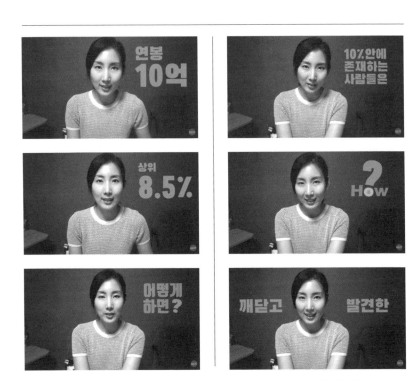

인트로 영상은 호기심을 불러일으키도록 짧고 빠르게 편집해서 보여줄 필요가 있다.

예고편을 만들기 어렵다면 자동으로 요약해서 영상을 짧게 편집해 주는 어플을 활용해보는 것도 좋다. 세세한 편집은 아쉽지만, 시간과 노력 대비 훌륭한 결과물이 나온다.

VIVA VIDEO

'비비비디오' 어플의 '타이틀' 기능은 영상과 사진 여러 개를 선택하고 주제에 맞는 템플릿만 고르면 멋진 예고편 영상이 저절로 만들어진다. 나는 주로 여행 브이로그 영상의 인트로를 만들 때 활용하곤 한다.

iMovie

'아이무비'는 아이폰에 내장되어 있는 어플이다. 이 어플 역시 영상 몇 개를 고르면 자동으로 멋지게 편집을 해준다. 포맷을 정할 수 있고 자막 기능도 다양해서 보다 세심하게 작업할 수 있다.

# 유튜버의
# SNS 활용법

"유튜브를 시작했는데, 페이스북이나 인스타그램도 해야 할까요? 하는 게 도움이 될까요?"

물론 당연히 도움이 된다. 한두 개 정도 SNS를 유튜브와 함께 운영하기를 추천한다. 대부분의 유명 유튜버들도 하나 이상의 SNS나 블로그, 카페를 운영하고 있다. 하지만 SNS도 꾸준히 운영하는 게 무엇보다 중요하기 때문에 자신에게 맞는 것이 무엇인지 찾아봐야 한다.

내 경우 블로그와 네이버카페, 인스타그램을 하고 있다. 블로그는 유튜브를 시작하기 아주 오래전부터 만들었는데 현재 사용 빈도는 가장 낮다. 인터넷카페보다는 더 개방적이기 때문에 누구나 볼 수 있고, 내 개인적인 생각을 길게 풀어 쓸 때 좋다. 영상을 준비하는 과정이나 비하인드 스토리를 담는다거나, 영상에 대한 부연 설명을 글로 풀어 쓰기도 한다. 주제와 상관없이 편안하게 내 생각을 풀어내고, 차곡차곡 쌓아나가기 좋다. 결과적으로 내 생각을 깊이 공감하고 지지해주는 사람들을 만날 수 있는 공간이기도 하다.

카페는 강연 공지를 통해 모객을 하거나 사람들의 커뮤니티용 공간이다. 블로그로 강연 공지 등을 할 수는 있지만, 참여자가 질문하고, 서로 이야기하는 공간으로는 적합하지 않다. 카페에 가입한 사람들의 이야기가 더해지면서 자연스럽게 커뮤니티가 만들어진다는 장점이 있다. 나는 카페를 통해 영상으로 흘러나가는 정보들을 텍스트로 남겨두기도 하고 강연 안내, 모집 폼 등을 카페에 게시한다. 그러면 사람들이 정보를 한눈에 확인하고, 신청하고, 자신의 이야기를 쓰거나 강연 후기들을 남겨준다. 커뮤니티 기능이 필요하면 카페가 좋다.

인스타그램은 일상이나 개인적인 이야기를 사진과 짧은 글로 올리고 있다. 유튜브의 비하인드 스토리나 개인적인 생각을 짧게 써서 올린다. 가족의 일상을 올리며 소통하기도 한다. 유튜브와는 또 다른 친근감을 느낄 수 있다. 댓글로 소통할 때 상대방의 인스타그램을 방문할 수도 있어서 상대를 이해하고 친해지는 데에도 효과적이다.

유튜브를 하면 자연스럽게 다른 플랫폼과 SNS의 필요성을 느낄 때가 온다. 다른 곳에 내 영상을 소개할 창구가 있으면 좋겠다거나 자세한 내용을 풀어낼 공간이 필요하다거나, 다른 사람들의 후기나 이야기를 모아두고 싶다거나 할 때다. 하지만 이런 SNS를 운영하려면 시간이나 에너지가 소모된다. 다 해야 한다는 욕심에 덜컥 만들었다가 유튜브를 운영하는 시간까지 빼앗기면 곤란하다.

유튜브를 우선순위에 두고, 노하우와 여유가 생겼을 때 다른 채널이 필요하다는 확신이 들면 그때 만들어보길 바란다. 뭐든 시작하는 것보다 꾸준히 끌고 가는 게 어려운 법이다. 다만 지금부터라도 다른 사람들이 운영하는 SNS를 생산자의 입장에서 꾸준히 관찰해보면 좋다. 언젠가 유튜브와 시너지를 낼 수 있는 SNS가 필요할 때를 대비해서다.

# 세상에서 가장 위대한 이름,
# 엄마를 응원하며

둘째 아이를 출산했던 날을 잊을 수가 없다. 내 안의 무한한 힘을 느꼈고 가슴이 벅차올랐다. 이렇게 멋지게 출산을 해냈는데 앞으로 이 세상에서 못 할 것이 무엇이며, 더 이상 두려울 게 없다는 생각이 들었다. 아이를 품에 안고 조산원에서 나와 집에 가려고 차를 타는데, 어제는 첫째 아이까지 세 식구였지만 오늘부터는 넷이 되었다는 생각에 부자가 된 것 같았다.

내가 가장 좋아하는 순간은 남편이 둘째 녀석을 무등 태우고, 첫째 아이의 손을 잡고 걸어가는 모습이다. 그리고 두 아이들이 남편에게 올라타서 깔깔거리며 신나게 노는 순간이다. 엄마가 된 후 나는 전혀 다른 느낌의 행복감과 풍요로움을 느끼고 있다. 아이들은 억만금을 주어도 바꿀 수 없는 내 삶에서 가장 소중한 보물이다.

이 아이들을 행복하고 건강하게 키워서 세상에 내보내는 게 앞으로 내가 해야 할 일이라 생각한다. 너무 중요한 일이라서 막중한 책임감을 느낀다. 함께 살아가야 하는 사회에서 한 사람이 세상에 미치는 어마어마한 영향력을 잘 알기 때문이다. 행복하게 자란 내 아이가 세상을 행복하게 만들 수 있다면 그보다 더 위대한 일이 있을까 싶다. 우리는 이렇게 위대한 일을 하는 엄마들이다.

나는 그래서 엄마들이 더 행복해졌으면 좋겠다. 엄마들이 자신의 행복을 먼저 찾고, 엄마의 행복한 삶이 아이들에게도 행복을 가르쳐주는 본이 되었으면 좋겠다. 그래서 유튜브를 추천하는 것이다.

유튜브는 내 삶의 우선순위를 바꿀 필요가 없었기 때문에 시작할 수 있었다. 실제로 가능했고, 기대했던 것보다도 훨씬 즐거웠기 때문에 지금까지 운영해올 수 있었다. 물론 힘든 시간도 있었고 시행착오도 겪었지만 그 덕에 나는 또 성장할 수 있었다. 어려움을 하나씩 해결해 나가면서 다른 사람들에게 도움이 되고 기회를 얻을 수 있었다. 결국 모든 경험은 그 자체로 가치가 있는 것임을, 엄마의 행복이 곧 가족의 행복임을 깨닫는 시간이었다.

### 유튜브라는 행복의 파도에 함께 올라타기를

세상에서 가장 강력한 플랫폼이 탄생했다. 무료인 데다 쉽다. 게다가 엄마의 역할을 포기하라고 강요하지도 않는다. 시간에 대한 주도권을 가질 수 있다는 점이 특히 마음에 든다. 다양한 재능과 많은 이야깃거리를 갖고 있는 엄마들은 이미 유튜버로서 성공할 수 있는 가능성을 지니고 있다. 유튜브를 통해 행복하게 자신을 찾고, 꿈꿔보길 바란다. 유튜브는 내게 그랬듯 당신의 삶에도 신선한 자극제가 되어줄 것이다. 새로운 세상을 보게 해주고, 더 많은 대안을 제시해주는 멋진 도구가 되어 줄 것이다.

나는 유튜브로 이전이었다면 상상하지도 못했던 일들을 현실로 만들고 있다. 많은 기회와 경험·인연·돈이 흘러들어오고 있다. 더욱이 내가 경험하고 있는 것들은 아직 빙산의 일각일 뿐이라고 생각한다. 유튜브를 통해 내 세계와 가능성이 점점 확장되고 있기 때문이다. 꿈을 이뤄나가면서도 점점 꿈이 더 커지는 유튜브의 부추김이 얼마나 달콤한지 모른다.

유튜브라는 큰 파도가 오고 있다. 멀리 떨어진 해안에서 파도를 보면 파도의 크기가 실감 나지 않는다. 유튜브에서 소비자로서 즐기는 것과 생산자가 되어 체감하는 세계는 완전히 다르다. 엄마들이 파도를 타고 나가 유튜브의 무한한 가능성과 새로운 세계를 느껴보기를 권한다. 유튜브로 자신을 표현해보고, 세상과 소통하고, 새로운 세상을 만나보자. 파도는 그 위에 올라타는 것만으로 우리를 저 멀리 또 다른 세상에 닿게 해준다. 우리는 생명을 잉태하고 멋지게 키워내는 엄마다. 우리가 하지 못할 일은 없다.

나는 운이 좋아서 먼저 올라탔다. 하지만 내 눈에도 이 파도의 높이가 얼마나 높고 거대한지 아직 모르겠다. 다만 내가 올라가고 싶은 만큼 올라갈 수 있다는 것은 확실하다. 우리 함께 파도에 올라타자. 행복한 여정이 기다리고 있다. 세상에서 가장 위대한 존재, 엄마들을 응원한다!

# 감사의 글

제 삶의 최우선순위! 우리 가족, 늘 아낌없는 응원과 믿음 보내주는 나침반 남편과 반짝반짝 빛나는 수정이, 애교 많은 해피강이에게 사랑과 고마움을 전합니다. 가족이 있어 힘을 낼 수 있었고, 더욱 행복하게 유튜브를 할 수 있었습니다.

'유튜브마스터' 과정에 참여해주신 '유마' 분들이 앞으로도 계속 즐겁고 행복하게 유튜브를 운영하시기를, 그리고 큰 성과도 얻으시길 진심으로 기원하겠습니다. '유튜브마스터' 과정을 함께해주시는 빛나리 선생님, 늘 진심으로 최선을 다해주셔서 지금까지 성공적으로 진행되고 있다고 생각합니다. 감사하고 사랑합니다.

〈소사장소피아〉 채널을 사랑해주시는 선구자님들, 항상 초심을 잃지 않도록 노력하며 선한 영향력을 펼칠 수 있도록 노력하겠습니다. 경험과 진심을 담은 이야기를 하는 소사장소피아가 되겠습니다.

무엇보다 우리 엄마들이 유튜브에 도전하는 데 이 책이 도움이 되면 좋겠습니다. 엄마들의 삶에 유튜브가 행복을 더해주었다는 소식을 듣는다면 너무 행복하고 기쁠 것 같습니다. 소식 기다리겠습니다. 세상의 위대한 엄마들에게 존경과 응원을 보냅니다.

"모두 사탕합니다 🍬🔍❤🌸우~안농~!"

# 엄마는 오늘도
# 유튜브로 출근한다

초판 1쇄 인쇄  2020년 1월 14일
초판 1쇄 발행  2020년 1월 21일

지은이  박혜정

기획 및 책임편집 홍성광            펴낸이  고미영
디자인 위앤드(정승현) 김선미 최정윤     펴낸곳  (주)이봄
마케팅 송승헌 이지민               출판등록  2014년 7월 6일 제406-2014-000064호
홍보 김회숙 김상만 오혜림 지문희 우상희   주소  10881 경기도 파주시 회동길 455-3
제작 강신은 김동욱 임현식            전자우편 yibom@yibombook.com
제작처 영신사                    팩스  031-955-8855
                            문의전화  031-955-9981

ISBN  979-11-90582-22-3  03190

🐦 f **springtenten**    📷 **yibom_publishers**